地产行业
项目运营实战

高宏杰 ◎ 编著

机械工业出版社
CHINA MACHINE PRESS

面对 2020 年新型冠状病毒肺炎（以下简称"新冠肺炎"）疫情对地产行业的影响，本书将从"经营管理、产品策划、营销推广、工期成本、制造营造"五个角度具体分析地产企业"练内功、强管理、高效率、增效益"的措施和方法，为企业精益化管理和项目实践提供建议和帮助。

图书在版编目（CIP）数据

地产行业项目运营实战/高宏杰编著. —北京：机械工业出版社，2020.6

ISBN 978-7-111-65760-6

Ⅰ.①地⋯　Ⅱ.①高⋯　Ⅲ.①房地产企业－项目管理　Ⅳ.①F293.34

中国版本图书馆 CIP 数据核字（2020）第 095782 号

机械工业出版社（北京市百万庄大街 22 号　邮政编码 100037）
策划编辑：张　晶　责任编辑：张　晶　张大勇
责任校对：刘时光　封面设计：张　静
责任印制：李　昂
北京中兴印刷有限公司印刷
2020 年 7 月第 1 版第 1 次印刷
148mm×210mm·4.5 印张·78 千字
标准书号：ISBN 978-7-111-65760-6
定价：59.00 元

电话服务　　　　　　　　网络服务
客服电话：010-88361066　机　工　官　网：www.cmpbook.com
　　　　　010-88379833　机　工　官　博：weibo.com/cmp1952
　　　　　010-68326294　金　书　网：www.golden-book.com
封底无防伪标均为盗版　　机工教育服务网：www.cmpedu.com

前言 Preface

2020年伊始,一场类似当年抗击SARS的战役又开始了,全民动员,全国之力抗疫抗灾,尤其是医护工作者的大无畏精神和创新精神,值得我们各行各业深刻学习。特别是在武汉参照北京小汤山的模式建立急救医院,更是需要我们建筑行业尤其是装配式建筑人员学习。火神山医院于2020年1月26日启动,2月2日落成,仅仅一周时间,没有装配式模块化很难想象在这么短的时间内可以实现。不同的地区,同样的图样,装配式技术都可以迅速实现,以往的所谓区域差异、城市差异、项目差异似乎都不存在。

这次疫情,为我们揭开了一个答案:"黑天鹅"也是可以应对的。

2016年,我在写《智造住宅——大数据工业化住宅开发》(以下简称《智造住宅》)一书的时候,有个章节专门写了"健康住宅",而我们以往所认知的健康住宅是"恒温恒湿恒氧",但是从这次抗疫大战和世卫组织的定义可以看出,健康住宅远不止于此,在《智造住宅》一书中,详列了健康住宅"安全的结构、良好的通风、没有蜱虫、没有霉菌、良好的水环境、良好的空气环境……"合计十项标准。

前言 Preface

这次抗疫大战，印证了当年《智造住宅》的研究——一位读过此书的朋友在 2020 年 2 月底的时候邀请我做一次在线分享"疫情当下看健康住宅"，这也成为后续网络"健康宅"纷纷而起的引子，也是促成我完成这本书的起因。技术是为经营目标而服务的，就如本书所述，技术只是产品，而效益源自管理，只有统筹的管理，全方位的应对，才能形成一个新的应对即将频频发生且无可预测的"黑天鹅"。以往我们行业应对"意外"只能默默承受，但是这次，在工业化和信息化的加持下，我们有了应对的手段，那么"危"中取"机"就不是妄想。

这个，才是我再讲"健康住宅"的初衷，而不仅仅是为了技术。

2020 年，众志成城，我们的抗疫不是简单的抗疫。在抗疫的同时，我们如何学习抗疫精神，开拓行业新空间，真正成为驱动城市发展的都市制造业，还大有可为。

此刻，才是信息化时代地产行业的"起点"，离"黄金时代"或许只有一步之遥，或许还有数年。

此刻不爆发，更待何时？

编　者

前言

第一章 地产行业的现状与机遇 / 001

第一节 地产行业的现状 / 003

第二节 地产行业的思考与机遇 / 007

第二章 地产行业的经营和管理 / 011

第一节 新模式和新形态 / 013

第二节 降低资金成本的方法 / 016

第三节 经营管理的颗粒度 / 021

第四节 超视距的"长臂管理" / 028

第五节 "空心整合"转型"实心领军" / 034

第三章 地产行业的产品和技术 / 039

第一节 全场景概述 / 041

第二节 健康住宅 / 046

第三节 标准化和模块化 / 080

第四节 装配式技术 / 084

第五节 实心化 IP / 087

第四章　地产行业的制造和营造 / 091

　　第一节　建筑现代化、工业化和信息化 / 093

　　第二节　智能化和智慧化 / 100

　　第三节　运营和建造的结合 / 106

　　第四节　工业化的"长臂管理" / 111

第五章　地产行业的推广和营销 / 115

　　第一节　对推广和营销的冲击 / 117

　　第二节　智慧化和 AI 小蜜蜂 / 122

　　第三节　从全民监造到"卖房给自己" / 127

　　第四节　从游戏开始，向游戏学习 / 133

第一章

地产行业的现状与机遇

第一节　地产行业的现状
第二节　地产行业的思考与机遇

第一节　地产行业的现状

地产行业一直都有"周期性"之说，起起伏伏，涨涨跌跌，尤其是2019年随着国家调控政策的进一步深入，"房住不炒"成为定义，整个行业都沉浸在悲观的气氛中，基本一致认为行业下行的大门已经打开，"取暖过冬"成为行业的共识。

"我们永远不知道意外和明天哪一个先来"——也许是为了应验这句话，2019年底2020年初的这场席卷全球的新冠肺炎疫情再度激活了地产行业的奋起之心。中美贸易摩擦硝烟未尽，全球性疫情带来的国际贸易萎缩，内需拉动的启动和驱动，新一轮的基建大潮……一切似乎都回到2003年的"非典"，一切似乎都是那么的熟悉，不过真的是这样吗？

对照2003年"非典"发生时的经验数据，我国经济受到一定影响，GDP在短期内回落，稍后出现拉升，受到负面影响较大的行业主要集中在第三产业，如旅游业、交通运输业、餐饮酒店业等。

但地产和批发零售行业表现不明显，地产行业在三季度出现下滑。

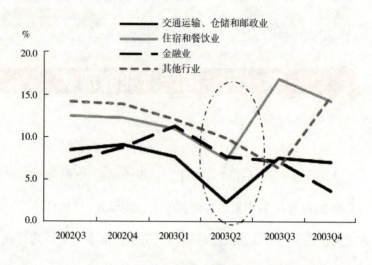

第三产业主要下滑行业

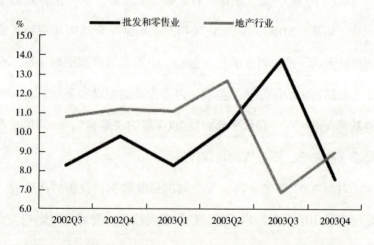

批发零售行业影响明显，地产行业三季度下滑

当时受"非典"影响最大的是香港、北京、广州等地，其中香港楼市受"非典"影响最大。但香港楼市在"非典"发生之前，受到东南亚金融危机影响，已经进入下降通道，下跌幅度很大。2003年，受到"非典"影响，房价进一步下跌。但在疫情过后，2004年止跌回升。

虽然2020年疫情与2003年"非典"的节奏大体类似，但宏观经济层面的背景有较大差异，2020年地产行业要承担"稳地价稳房价"的责任。在这样的前提条件下，全国多个城市都发文要求企业推迟开工时间，并发文要求暂停房地产市场经营，综合起来看，会对地产行业产生以下几个较大的影响：

- 2020年预计楼市成交会比较惨淡。资金压力增大，企业经营难度增加。
- 房地产施工进度受影响，在疫情影响下，很多工人都不能及时回到工地，预计会有一大批项目交付要延期。因此，"工期"和"成本"会成为大部分地产企业面临的问题。
- 土地出让受影响。一方面由于防控要求，土地拍卖短期内取消。另一方面，由于一季度销售业绩较差，中小房企拿地积极性会下降。但是，综合性产城用地会受一定追捧，三四线城市人口回流和各地产城融合政策会更明显。
- 部分中小房企现金流进一步吃紧。不能销售不能开工，但是利息不会少，没有回款就没钱还利息，压力很大。希望政府后续会出相应的措施来缓解房企压力。

❖ 装配式技术、模块化等新型快速建造方式会受到追捧，受火神山医院快速建造的影响，产品快速决策、标准化将会进一步受到地产企业重视。

❖ 出租型物业会受到影响，尤其是办公和大型商业，但是工业用地，尤其是物流集成的产城融合模式会成为地产企业转型的一个新方向。

❖ 市场对产品的评价标准会发生变化，"健康住宅"会成为一个市场热点和IP，各类健康卫生相关的产品会成为新"卖点"。

❖ 线上营销逐步发展，随着智能工地、智慧制造和全民参与的模式，网络售楼只剩最后的"窗户纸"，谁先突破，谁就将成为下一个市场领先者。

❖ 生产组织和经营将进入"接力模式"，采购和供应的"长臂管理"将成为企业经营的一个重要课题。

第二节　地产行业的思考与机遇

相比 2003 年，如今的交通一日千里，人口流动之快前所未有，移动互联网高度发达，加上每年一度的"超级大迁徙"，都决定了这一次的与众不同。

这一次属于明显的意外事件冲击，所有的影响都局限于短期，不会改变股市、楼市乃至所有行业的基本面。如果问题迅速得以控制，那么短期利空的行业必然会迎来反弹，这在 2003 年已经上演过一次。

对于楼市来说，意外事件的冲击有多大，同样要视这一事件的持续时间而定。时间越短，影响越可忽略不计。时间越长，影响越显著，不仅返乡置业被取消，楼市小阳春同样会无限推迟。

但是与 2003 年不同的是，当时住房商品化刚起步不久，房地产刚被确立为支柱产业，加上中国加入 WTO 的经济红利正在陆续释放，这为事件结束之后的房价反弹提供了坚实支撑。然而，这一次不同的是，中国房地产已经处于历史高位，居民杠杆率已经超出国际平均水平，部分城市面临相对明显的泡沫风险。

所以即便短期冲击能够迅速消失，那么楼市想要迎来大反弹，可能性也不大。

这次疫情，为我们揭开了一个答案：现代装配式建筑技术的优势就是"快"和"省"。2019年底，众说纷纭的"是否要做装配式"一夜之间尘埃落定，变成了"如何让装配式实现"——这就是市场新的机遇。

从明面上来看，装配式建筑技术的统一性获得体现，不同地区，不同城市，不同项目都可以用统一的方法实现。所以，构件标准化实现了"快"，而标准构件的统一性同时实现了"省"。

从经营和利润价值的角度分析，"快建售楼处"不是不可能，而是"太"可能。曾在某家房企的时候，我整理过售楼处的功能模块，通过功能化模块的分布组合，无论是混凝土预制技术还是轻钢组合结构，都是可以迅速利用装配式技术实现售楼空间的"快省"建造。模块装配式必然大行其道，谁能真正执其牛耳，尚未可知。

更深一层次的影响是对结构设计的影响。长期以来，我们的住宅空间专注于剪力墙技术，剪力墙体现的建造对装配式技术有很高的要求，但是纯框架结构又很难获得市场和客户的认可，似乎我们又陷入死循环中。而我们再看看这次小汤山医院的建造，似乎跳出了我们对结构体系的理解。过往，我们有过短肢剪力墙、异型柱，但是却由于种种原因在使用中受限。很大一部分原因，就是由于现场的建造质量问题，混凝土浇捣不密实，钢筋错位漏筋……工厂预制后这些问题可以大为改观，而且调整后简约的结构体系布置，更易于装配式建造。体系的优化，装配式技术的发展更可以期待。

更多结构体系的实现，这也是这次抗疫大战后给行业的机遇。

抗疫医院的要求远高于健康住宅，由此而看，"健康模块+装配式技术"的组合不是理论上的可以，而是实践中的实现。

"快省"的实现功能+模块化的产品性能+落地的装配式技术体系，这是"新冠肺炎"送给整个地产行业的价值和利润。"天予弗取，反受其咎"这么好的机遇，我们除了努力，还有什么可以多说的呢？

技术是为经营管理服务的，真正能享受到"危"中之"机"的企业，是那些已经为应对危机做好准备的企业，谁有更精益的管理，谁能更迅速地把握时机，谁能更有组织有效率地应对突如其来的"黑天鹅"，谁就能实现市场突破，弯道超车。

因此，这次的"黑天鹅"是给整个行业带来管理精益化的契机，工业化思维，模块化管理，规格化产品，标准化部件，是地产行业升级为现代制造业的一次重要契机。对于众多的地产企业而言，"练好内功，化空心为实心，有效提升生产效率和管理精细度,从内部要效益"是真正应对"后疫情时代"的措施和方法。

本书将从"经营管理、产品策划、营销推广、工期成本、制造营造"五个角度具体分析地产企业"练内功,强管理、高效率、增效益"的措施和方法。为企业精益化管理和项目实践提供建议和帮助。

我们都想岁月静好,周遭却已大江大河,危机之后消费者需求形态在变,痛点在变,产品要变,你了解到了吗?——不用担心,应对新世界,我们与您同在。

第二章

地产行业的经营和管理

第一节　新模式和新形态

第二节　降低资金成本的方法

第三节　经营管理的颗粒度

第四节　超视距的"长臂管理"

第五节　"空心整合"转型"实心领军"

第一节 新模式和新形态

2019年房地产调控的钟声尚未完全停止，2020年初的"黑天鹅"又突如其来，为期待转机的地产行业蒙上一层阴霾。"地产2020，注定是坎坷波折的一年。疫情过后，宏观环境、市场、行业将加速变化，企业也必然随之而变。"一位地产企业CEO这样定义。的确，无论从哪个角度来看，2020年的"后疫情时代"是和以往完全不同的时代。

首先，我们要面临和以往大为不同的经济环境。GDP下行的压力将更大，但是经历这次疫情，医疗、疫苗、物流、信息化等产业将受到追捧，很多保障抗疫的行业和企业会享受更多的政府补贴和支持，某种程度上将拉动GDP的增加。随着汇率变化、量化宽松、通胀的推动，某种程度上对地产行业也会有很大的帮助。但是，与之前不同的是，也许受到资本关注的是通用型产业用地、物流资产、医养康疗等在抗疫保障中起到支持作用的关键产业，而单纯的住宅或商业会承担更大的压力。

其次，政策环境的变化也会对行业带来重大影响。虽然，可以预期的是随着时间推移，随着疫情持续，地产行业的限制政策会有所松动，但在"房住不炒"的核心思想没有变化前，政策的主要面不会发生根本变化。而且，由于群聚效应引起疫情的大范围传播，后续大型销售活动必然会受到监管部门的强烈关注，会有更严格的政策限制。在经历各地物资事件之后，地区的不均衡发展带来的物资筹备困难已经引起很多地方政府的关注，因此将来的产业引进，产城融合会更进一步取代单一的土地拍卖的形式，尤其是通用制造型产业、医养康疗产业、复合型物流产业都将会受到地方政府的强力支持。对于单纯做住宅的地产，在很大程度上是不利的。

随着经济大环境和政策因素的变化，市场也会有很大的变化。这次"疫情"可以说彻底撕下"伪豪宅"的面具，花费千万依然难有安然，成了消费者心中之痛。更主要的是，由于销售形式的制约，"远程、无线、直播、互动"等网络销售模式将成为新的销售方式，并随着疫情的推延，将来越来越成为主要模式，没有强有力的产品力的支持，很难支持这类"无接触销售模式"，只有依靠"数据、对比和模拟"。更挑剔的客户，更困难的推介，工期、资金和成本的压力将成为地产企业2020年剩下的主旋律，"不改变不得活"已经不是危言，而是现实。

整个地产行业在这次"黑天鹅"的冲击下，已经到了不得不变的时候。规模不是全部,现金才能为王。"先做大还是先做强"在这次疫情过程中已经成为不需要再讨论的问题。"高杠杆大土储"成为一剂毒药,大规模的虚胖在"黑天鹅"的冲击下将不堪一击,而往往是那些有产品力,有产业力的适合规模的地产企业将迎来一轮新的发展机遇。产城融合、复合物流用地都将是土储的主要模式,避开了招拍挂的红海,产业地产企业将迎来前所未有的发展机遇。同时,装配式技术、健康住宅、绿色环保技术在抗疫中受到重视的板块也将支撑行业新一轮的发展。

2020年,抱着"老皇历"的地产企业在"后疫情时代"将逐步成为"标本"。而新变化不仅仅是"销售"的变化,"投资、土储、生产、销售、库存、回款、利润"都将发生翻天覆地的变化。从近期几家排名靠前的地产企业的行动,我们已经看到了端倪和趋势。为了应对未来的未知,地产企业将把建立产业纵横的投资组合,形成产城融合的勾地模式,精益管理将粗放的建造进化为精益建造,多形式无边界销售,全产业链回款,保持合适、持续而充沛的利润作为自身发展的重要内容。

有危险必然有机会!"黑天鹅"给我们带来的是"数据化、智慧化和工业化"的伟大机遇,是真正促进地产企业实现核心产品力的好时机,是未来百年企业的奠基礼。

第二节　降低资金成本的方法

为了应对"黑天鹅",各国的经济学家都给出了各自的方案,其中最知名的是以塔勒布和巴菲特的共同经验总结成的应对"黑天鹅"事件的五项基本原则:

- 不要预测。"黑天鹅"事件何时发生根本无法预测,能够预测出来的意外就不是意外。
- 谨慎预防。我们不能预测灾难,却可以预防灾难。
- 危中取机。"黑天鹅"事件是危机,但危中有机,危后出机。
- 最重要的一点是,保持充足冗余。通俗地说,就是凡事要留有非常充分的余地,目的只有一个,以防万一,就是预防百年一遇甚至万年一遇的"黑天鹅"灾难性事件发生。
- 不要负债。塔勒布说:"有一条是对于个人和机构非常重要的戒律:我们可以降低经济生活中90%的'黑天鹅'

风险……我们所做的只是取消投机性的债务。"

对于传统的地产行业,长期以来习惯和依赖的都是高杠杆和低冗余,通过负债扩大运营规模。这样的运营模式下,市场一直认为开发企业是地产行业的龙头,整合资金,整合产品,整合销售——开发企业是"村主任",要管田间地头,还要问家长里短,最后还要承担客户不满——企业在整合资源的同时,整合了包袱;整合利益的同时,整合了责任,整合了资本,也整合了全产业的资金成本!而这样貌似规模上台阶,但是企业的抗风险能力和应对"黑天鹅"能力却相对薄弱。

开发企业似乎并没有"龙头老大"那么风光,上受制于政策,下受制于供应,还要看市场,搞金融,几乎十八般武艺样样精通,可来个"黑天鹅"却要趴一片。但是不这样,还有别的路可以走吗?前些年,我和朋友说到一家海外的开发企业有9家研修所(类似我们的职业学校),13家工厂(主要建材)、48家家居店(邻里中心,类似我们的多功能物流中心),68家关联企业——很多朋友都把这归结为企业战略布局。不过仔细想想,这家开发企业的战略布局在我们经历的这次"黑天鹅"事件中却为企业增加了抵抗力——围绕为业主服务的家居店成为支撑点,在疫情发生时很好地为自己的客户服务,同时获得协助政府抗击疫情的协同配合能力。不要小看这些服务,这就是比同行快半步的机遇。疫情后通过自己物流中心的配送,可以快速让企业恢复生产，研修所的人员补充，保障劳动力充足，甚至利用工厂原材料囤积，进行期货运作和传统业务支撑，又快同行一步。后疫情时代，企业的能力、形象、产品进一步提升，足以再行拓展市场，兼容并收，加速扩张——"黑天鹅"之危，成为"黑天鹅"之机。

这家海外开发企业的做法就是典型的制造模式，用大产业、大生产、大组织分摊出乎意料的风险。"家长制"限制了企业的发展，限制了应对"黑天鹅"的能力，企业要存活、要发展，就如同"五项原则"说的，要解决冗余和负债，简单地说就是要解决资本的问题——资本是企业的血液，只有让血液流动起来，企业才能存活。而既不负债，又要有冗余的方法，只有向制造业转变，向制造业学习——从整个产业制造链条中汲取力量。

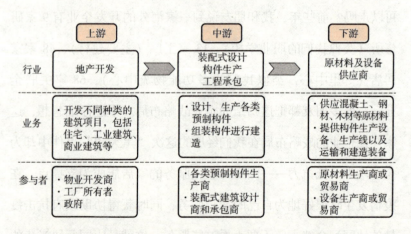

传统视角的行业组织："资金"流向定义、定制化产品、目标客户定向模糊

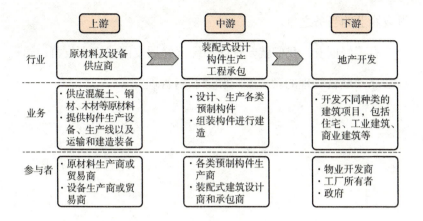

从火神山医院和工业化的视角：生产线流向、IP化产品、定向客户

制造业的资本金是整个行业链提供的。就如同汽车制造行业，从部件企业到整车企业，大家都很清楚服务的对象是谁，客户要什么。就如同不会在经济型运输车上看到跑车专用的轮胎，定向的客户，定向的产品，定向的部件，统一标准下的产业自主整合。目前的地产行业欠缺的就是这个，疫情来袭，无论普通住宅还是豪宅，无一例外，无一避免，无一幸存，功能价值的同质化——我们的住宅分不清哪些是"轿跑"、哪些是"越野"、哪些是"SUV"，没有统一的标准，无法牢固而稳定地组合，自然没有办法形成利益共同体，也不能共担资本，共担风险并共享利益。

"后疫情时代"甚至是"新零售"时代，售楼都已经采用无接触模式，在这样的环境下，如果没有厚实的"资本群"，恐怕很难实现"冗余和无负债"。因此，新产业时代，新资本模式是开发企业的当务之急。

有了好朋友，我们就要管理和经营好朋友圈或者朋友群，这就要靠"经营管理的颗粒度"和"长臂管理"了。

第三节　经营管理的颗粒度

经营管理的书籍和资料汗牛充栋，林林总总，相信这些权威著作对企业经营管理的描述已经非常的全面和详细。本书的目的也不是和读者探讨企业的经营管理，每个成熟的企业都有自己的经营套路和管理模式，相信那也是最适合这个企业价值观的模式，德鲁克曾经在《管理的实践》中也明确"管理不是技术和知识，最终检验管理的是企业的绩效"。

应对"黑天鹅"，工业企业有很多成功的实例值得地产开发企业学习和借鉴，当然，我们也有困惑，制造业的经验是否可以在地产开发企业中应用呢？我想应该是可以的，甚至一些外资的开发企业都已经实践甚至取得相当不错的效果。

但是从目前传统地产开发企业的管理流程来看，对于项目管理和决策流程还是非常长的。从某些管理学的角度而言，完善的流程可以保障决策最大限度的正确性，但是从另一个角度看，这也是对产品和市场定位不清晰，甚至是有些"不自信"的表现。

比如，在此次疫情中，某些对于控制疫情有帮助的建筑设施在10天之内就完成设计和建造，并交付使用。虽然其中有迫不得已的原因，但是我们也可以看到在需求明确、市场明确、产品明确的前提下，"快速决策"不是一句空话，而是真正可以实现的内容。

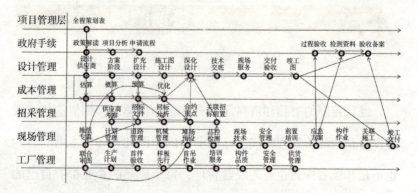

某企业装配式项目作业流程

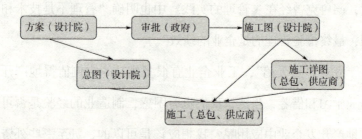

某紧急项目快速决策流程

德鲁克在《管理的实践》中指出管理最重要的对象就是"时间和成本"，但是从这次疫情发生后，地产行业的应对无论从时间上，还是成本上都远远逊色于其他行业。比如最早反应的是娱乐业，贺岁片由争夺院线转向争夺云资源，整个调整就在一周内；五菱汽车转产口罩，从决策到供货，仅仅只有一周的时间；而地产行业直到进入 2020 年 2 月份才开始出现"云售楼"，可惜的是，市场反响并不好，企业转而进行"云问卷调研"，所获数据也是不尽如人意。由此可见，虽然地产开发企业的产品决策流程从土地获取后一直延续到竣工交付，但是面对突如其来的"黑天鹅"竟然是束手无策，茫然失措。

其中的原因可能很多，或许各个企业有各自不同的考量，但从根本而言，建筑业还没有转型成为制造业是引发这些状况的一个重要原因。据海外产业经济的相关资料显示，日本昭和时代，支撑城市发展的两大支柱产业就是汽车和建筑，而且随着建筑工业化和产业化的发展，建筑业对城市发展的驱动作用越发明显，在日本"失去的 20 年"中，外贸失衡，内贸疲软的情况下，工业化的建筑业依然是城市发展的支撑，由此可见，工业化和产业化的建筑业是应对"黑天鹅"的重要力量。

2018 年我国汽车工业产值 9 万亿元，汽车制造业关联 3 万个零部件，汽车整装工厂是都市制造业的重要支撑，促进了很多地区的城镇化发展，而同年，即使在政策调控的情况下，我国建筑总产值仍达到 25 万亿元。如果与建筑制造业关联的 8 万个零部件，同时最终的组装地在现场，可想而知，那将是远远超过汽车行业而存在的"现代都市制造业"，是激活地区发展的"核动力"。从这个角度看，地产行业的工业化一方面是应对市场未来可能频发的"黑天鹅"的力量；另一方面也是促进城镇发展的重要驱动器。

不过，从2020年的疫情应对来看，建筑业的工业化发展才刚刚在起点。

但是从人类社会工业化发展的途径来看，现在我国地产制造业，也就是"建筑工业化"与西化不能画等号，我国的建筑工业化并不是全盘西化。我国的建筑工业化具有极为典型的"二元性"特征，即在实现"工业化时代"目标的同时，叠加了"信息化时代"的更高的现代化目标，要在未来的50年时间内完成世界中等发达国家在过去100年走过的发展历程。

所以，我们所追求的现代化目标，已经不只是工业化时代的传统现代化，即不能只用英克尔斯体系所谓的工业化水平和城市化水平，以及与此匹配的教育程度、生活质量、预期寿命等去度量，而应当不失时机地加上信息化水平、生态化水平、全球化水平、竞争力水平、集约化水平、公平化水平等作为从工业化时代向信息化时代过渡的基本衡量。其基本要义就是运用现代科学技术手段，创造出符合现代广大人民需要的新文化。

地产行业有不可回避的"信息时代智能制造属性"，是典型的"互联网+"。

既然是制造业，我们就不得不提一下制造业闻名的"5S"甚至"6S"管理方法，整个制造业都在使用的工作方法，在地产开

①模块化的屋面体系
②自洁外墙涂
③防滑地板
④轻型钢结构框架体系
⑤高断热轻质ALC外墙板
⑥自防水高断热铝合金窗框
⑦中空隔热玻璃

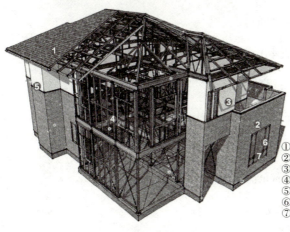

①模块化的屋面体系
②高效自洁墙面系统
③节能隔音内墙体系
④轻型钢结构框架体系
⑤高效外墙保温系统
⑥自防水高断热铝合金窗框
⑦中空隔热玻璃

房屋建造涉及零部件

发企业往往沦为一句"口号"。在我和很多地产开发企业管理者交流的时候,很多企业的管理者都认为采用5S管理方法,增加了管理成本,但是除了办公场地的环境有改善外,其他并无帮助。真是这样吗?

我曾经任职于日本地产开发企业,有幸在入职之初就参加了关于5S的培训,在此分享一些和传统理解不同的5S。培训伊始,我们接触到的对5S的定义不是所谓"清理、清扫……",而是指出5S管理作为企业实行的优质管理制度,创造最大的利润和社会效益是一个永恒的目标。而优质管理在这方面有独到之处。授课的老师反复强调,"创造最大的利润"是最大的目标,所以如果这项制度的实施不能增加利润,那么就不是真正的5S。

5S管理的要素:

Q (quality:品质)。

C (cost:成本)。

D (delivery:交期)。

S (service:服务)。

T (technology:技术)。

M (management:管理)。

5S管理的评价成果:

1)改善和提高企业形象。

2)促成效率的提高。

3)改善零件在库周转率。

4)减少直至消除故障,保障品质。

5)保障企业安全生产。

6)降低生产成本。

7）改善员工的精神面貌，使组织活力化。

8）缩短作业周期，确保交货。

> 误解一：5S是制造业的管理模式
> 事实：5S在金融业/服务业/房地产业都取得了良好的实绩
> 误解二：5S就是ISO9000
> 事实：5S的目标是节约的管理
> 误解三：5S会增加管理成本，从而增加成本
> 事实：5S通过节约空间和节约时间，达成高附加值的产品。
> 误解四：5S不适合中国国情
> 事实：大部分外资企业都在执行5S
> 误解五：5S不适合中国的房地产行业
> 事实：很多房企已经在局部推进5S

对于 5S 管理制度误解的分析

从这个角度理解 5S 的话，我们可以全面了解地产开发行业和制造业在管理精细程度上的差异，也正是这种差异，导致"疫情时代"的低速反应，这也是应对"黑天鹅"最可怕的情形。

因此增加管理的精细度，也就是颗粒度，有计划地进行管理，彻底实施制造业的"5S"管理制度，对地产开发企业应对"黑天鹅"有非常重要的意义和帮助。

第四节 超视距的"长臂管理"

"没有永远的朋友,只有永远的利益"。在电视剧里,我们经常能听到这样的一句话,而且也总是在工作中得到印证。2015年左右,我曾在国内一家做高端住宅的地产开发企业任职,这家企业做的中式代表的合院深受当时消费者的喜爱,产品在市场上有很强的号召力,而且企业在技术内部标准化管理上也有自己的套路,凡是客户可见的部分都有强制的标准和同一性的要求。早期,这家企业的成功是在北方,北方传统住宅的宅门深院是该企业的典型标志。后来,该企业开始全国性扩展,这个时候有些问题就出现了。比如,在企业的产品标签中,院门口的汉白玉雕饰是标配。但是,由于北方的汉白玉品质好且产量多于江南地区,所以沿用这个标签的话,就需要将雕饰从北方运输到江南,除去运输成本不算,损耗也是相当惊人,而且由于途远道长,整块的雕饰必须分块,拼接缝的处理成为难题。北方的优质供应商成了南方的黑名单——这也许是我们南橘北枳,除开一些别的因素,

"你不行我就换"的做法在传统的商务运作中是很正常的事情，这也是后来江浙的产品不如北方的原因，表面理由很充分，但是深刻地想，开发企业似乎到了任何一个新的地方都是孤家寡人，没有真正共担风险的朋友，没有真正给予支持的朋友圈。

但是全球性开发的地产企业似乎就没有这样的问题。我曾经也在世界级的地产开发公司任职，当时这家企业在苏州开发一个住宅项目。这家海外企业有个门锁的长期供应商，基本上是共同成长的伙伴。当时在苏州项目就遇到一个难题，当地默认豪宅的标配是密码锁，而长期供应商的密码锁还没有获得国家的认证，没有获得销售的许可。按照以往的传统，我们必然会采用更换供应商的做法。与之相反，这家开发商没有抛下伙伴，反而想出了"开启百万次无故障"的宣传词。结果高精度的机械锁取代密码锁成为当地豪宅的标签，而这家门锁企业也就顺利进入了我国市场。投桃报李，门锁企业给了开发商一个低到不敢想象的价格，也就是在这些供应商伙伴的支持下，这家海外企业在国内经历了金融风暴、国家调控等各式各样的"黑天鹅"后，依然能成功获取高额利润。

对比这两家企业的做法，虽然维系供应商和开发商合作的基础都是利益，但是国内的利益是单向和"绑架式"的，"拖款、垫资、代付……"使得供应商不得不为开发商"输血"，此时此刻的合作，不要谈利益共享，连支撑"一路同行"的利益都很脆弱，只要风险一来，基本就是一拍两散的局面。而应对风险和"黑天鹅"，需要的是"合作式"的朋友圈，供应商是合作的朋友、合伙人、同伴，甚至是同伙，只有这样的利益共同体，才能分担风险，共享利益。就如同前文提及的海外企业，选择供应商的条件非常直白——"首选本国企业，次选本国在当地的合资企业，最终选本国在当地的合作企业"，利益共享，风险才能共担，也只有这样才能实现"超视距的长臂管理"。

传统地产开发企业一直在努力地尝试"超视距的长臂管理"。很直观的就是设计管理，成立设计院，收购和并购设计企业，通过这样的方式，对设计进行直接的管理，从而保障设计符合企业自身的发展需求。这是相对粗鲁和直接的做法。其次是通过成立物资公司，用部品和部件集中采购的方式对合作企业进行长臂管理。但是无论上述哪一种方式，最终应对风险和"黑天鹅"的责任，还是回到了开发商自身，在某些时候，应对风险的能力还不及"捆绑式"的合作模式。

从商品房改革至今，开发企业的传统运营模式已经形成套路，而且在之前的风险冲击影响下，并未出现大规模的问题，但是随着这次"疫情"的发生，真正面临这种改变市场的大级别"黑天鹅"时，我们以往的经验和认知已经不足应对，更关键的是，政府在应对"疫情"的过程中，展现出大工业、大组织、大统筹的威力和风险抵抗能力，尤其是火神山医院的10天交付，把工业化建造的优越性展现得淋漓尽致，整个"建造"成为生产，建筑工地成为"生产车间"。火神山医院的建造成为开发企业应对危机的极佳范本和模型。

"长臂管理"是在同一目标和利益的前提下，跨部门、跨企业，甚至跨行业的跨界管理。这样的管理模式不仅仅是以共同利益为前提，还要有统一的产品标准和品质认知，通俗地说，就是"三观一致"，只有这样，大家才能齐心抱团，实现目标，抵抗风险。汽车、家电等行业已经很好地展示了"长臂管理"的优势，经历这次"疫情"，也可以看出长臂管理在地产行业的可行性。

火神山医院就像是从地里蹿出来一样：一天内平整好 5 万 m^2 场地；三天内拿到施工图，并建起第一间样板房；第五天集装箱板房陆续到场，并建起一座双层病房区钢结构；第八天则完成了基础混凝土浇筑、住院楼数百套集装箱板房吊装，配套设施也搭建过半；又用了一天完成室内基础设施、医疗配套设施的安装；第十天，一个容纳 1000 张床位的医院交付了。相比工地内的热火朝天，工地之外的供应接力赛才是工程最坚实的推力。而供应链的管理就是依靠着运营和组织！这就是长臂管理的能力和威力，这更是我们在"疫情"之后，应对市场必备的能力和素质。

作为"朋友圈"长臂管理的代表火神山医院项目，整合数百家供应商，没有考察时间、没有竞标时间、没有约谈时间，没有流程和填表，短短的 10 天，大家都在路上，"举贤不避亲"，朋友圈的全力以赴，稍微犹豫都不可能达成这样的成果。除了现实项目的实现，更重要的是在建造工业化的这个时代，快速建造的应急医院让行业焦点从"讨论装配式建筑是否可行"转化为"如何让装配式建筑可行"。

产品	供应商	进场时间
挖掘机等施工机械	徐工机械	1月23日
挖掘机等施工机械	三一重工	1月24日
污水处理	兴源环境	1月25日
信息化系统	东华软件	1月25日
建筑钢材	湖北中拓等	1月26日
医疗信息化系统	新华三集团	1月26日
管道产品	永高股份	1月27日
装配式集成房屋	河北文安	1月27日
防渗防水防护	东方雨虹等	1月27日
复合板	振森集团	1月28日
电线电缆	胜华电缆	1月29日
密封胶产品	回天新材	1月29日
通风系统	重庆海润公司等	1月29日
卫生洁具	惠达卫浴	1月29日
龙头阀门	宁波埃美柯	1月29日
墙壁开关插座	公牛集团	1月29日
防水建材	北新建材	1月31日
办公家具	恒林股份	1月31日
隔断装饰材料	亚厦股份	2月1日
终端吸氧及雾化设备	康德药业	2月1日

火神山医院部分供应商名单及进场时间

也许，大家都会认为火神山医院有其特殊性，的确这类项目有一定的特殊性，但是项目的技术要求不会因为背景特殊而变化，我们做不特殊的项目或许花上 10 倍的时间也就只是达到这样的效果——换一种方式表述，如果我们借鉴火神山医院的朋友圈长臂管理，只需要节省一半的时间，可以为我们带来的管理效益就是不可估量的收益。

所以，要应对"后疫情时代"，我们就要建立"朋友圈"，找到"长臂"，建立我们的超视距长臂管理。

第五节 "空心整合"转型"实心领军"

在"疫情"尚未过去的时候,不少设计及咨询企业就纷纷发布一些关于"疫情后"的健康住宅标准,这样的行为无论目的如何,从推动行业发展和产品进步的角度看,都有重要的意义,但是真正从解决"后疫情时代"的经营困境的角度看,似乎并无太多帮助。我们从火神山医院的建设案例看,建设的组织才是真正使用"长臂"进行管理的管理者,而显然不是设计和咨询企业。

海外有这样的案例,由设计和咨询企业牵头组成的建设团体开发具备特色功能和标志性的建筑,成为"地标"或者TOP级别的建筑物。从这个角度看,和火神山医院的案例就有了一致性:一定标准的设定目标,参与者都符合和遵守组织者的预定标准。火神山医院的目标是小汤山医院,而且是快速实现的小汤山医院,所以所有的供应商都是围绕这个目标和标准在进行工作;海外的案例是TOP级的产品,所有的共同体也是按照这个目标和标准在推进工作。

长臂管理基于共同的目标和标准。毫无疑问，目标和标准是整合者制定的。我们国家的标准分为国家标准、行业标准、地方标准和企业标准。长期以来，传统开发企业并不注重自身企业标准的建设，或者说并未认识到企业标准建设的重要性。

从以往的实践经验来看，地产开发企业貌似在金字塔顶，但是上受制于政策，下受制于供应，经过此次疫情，大家看到最后一公里不仅仅是社区商业的问题，开发企业要"快、稳、转"，整合物资物流已经是卡住喉咙的"命运之掌"——囧途不仅仅是"口罩"之痛，未来更会是项目建设之痛。而这个时候，标准，特别是适合企业自身发展需求的标准，就非常重要了。有了标准，我们才能聚集更多的"伙伴"，才能做大"朋友圈"，利用标准长臂实现超视距的管理。

曾经，我想解释一家成功的地产企业为何有 9 家研修所，13 家工厂，48 家建材超市（物流店），甚至 68 家关联企业，大家都认为是经营方向问题，但是这次"黑天鹅"来临，我们才看到百年基业的智慧，才有机会真正看懂开发企业的整合不是简单的资金整合。在样板企业中，通过研修所和自有工厂，形成了从"研发到生产"的实践链条，而这个链条为企业提供的是可以真正实现和实践的企业标准，这样的企业标准最重要的是"言之有物"，而且这是"我"的物，其他的供应商要供应，要参与朋友圈，这个标准就是"三观共识"。然后这样的产品通过物流店（固定售楼处）迅速且常年累积地向客户传输着这样的"三观共识"，潜移默化中认同了"我"的现实化IP。市场有了，客户有了，认知有了，剩下的就是整合产业链的生产。这样的开发企业"无需负债，且有足够的冗余"，还有什么样的"黑天鹅"会难倒这样的企业呢？

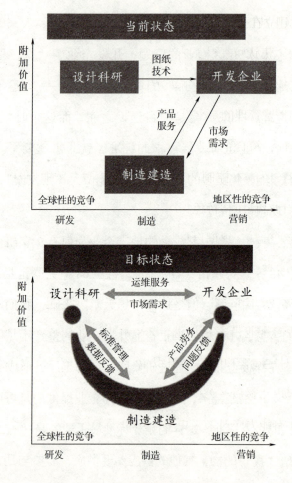

当前行业状态和目标行业状态

不过，形成"三观共识"的企业标准也有一定的讲究，泛泛而谈只会流于表面，成为一纸空文。虽然国家规定设计图不能指定技术特征和产品品牌，但是开发企业在商言商，早些确定，早点准备，如果有自己的"小兄弟"愿意同命运共风险，指定产品，指定技术标准，指定规格要求，有什么不好？火神山医院的成果也是建立在"娃娃亲"的基础上——图样尚未完成，样板间已经展示，获认可后，根据样板要求进行深化设计。举贤不避亲，建立长期合作的关系，才能知道相互的需求。

因此长臂管理的基础不仅仅是企业标准，更重要的是符合企业自身特征，符合企业发展需求的"实心化"标准。关心成本的企业，就按照成本控制的原则来编制标准；期望产品差异的企业，就以自有品质和特色为原则；高周转企业，则以如何快速去化为目标来编制。根据自身的管理目标，编制符合自身特色的标准，建立长臂管理圈，从控制物资物流，实现百年基业。

这次"疫情"，给大多数传统企业带来巨大的冲击，但是也为创新型的企业带来了机遇，未来的开发企业只有学习"新零售"，针对定向客户的需求组织生产相应的工业化产品，完成从产品到客户"最后一公里"的输送，才能真正成为"工业化"开发商，才有能力应对未来更多未知的"黑天鹅"。

第三章

地产行业的产品和技术

第一节　全场景概述
第二节　健康住宅
第三节　标准化和模块化
第四节　装配式技术
第五节　实心化IP

第一节　全场景概述

建筑社会化应用的大场景基本可以分为九类："居住环境""职业办公""道路交通""休闲商业""教育培训""医养康疗""社区环境""产城融合""自然景观",从微观的角度来看,地产行业的产品和技术主要是"空间""立面""结构""设备"和"设施"。

限于篇幅,本书介绍的产品和技术主要侧重于"居住环境",本节概要分析的"后疫情时代"对其他类型建筑可能存在的产品和技术影响,不做过多展开。

一、居住环境

这次疫情对居住环境的影响和冲击是显而易见的,同质化的产品导致"豪宅"和"标准居住空间"在病毒面前没有任何差异,空心化整合的问题突出,因此未来很明显,能形成"健康IP"的居住环境会更受市场追捧。

二、职业办公

办公空间是我们生活中的一个重要场所，2003年之后出现的SOHO曾风靡一时，居家办公的概念也被热炒，但是随后"WE WORK"的兴起，使咖啡厅文化又成了主流。但是，在经历这次疫情之后，公众对于大规模聚集性传播估计会心有余悸，而且延长假期后的"居家办公"在5G技术广泛应用后会更有效率，因此，"干净""自由""健康""智能"的职业办公环境会更受追捧，如果说之前是个人行为，将来或许更多的是企业行为，尤其是关联企业的合作行为，可以期待更多异地关联企业的"共享展厅""共享实验室"的出现。"WE WORK"将会被"WE MAKE"所取代。

三、道路交通

2020年疫情发生后，国家交通运输部已经要求在各类交通工具中，有条件的要设置隔离区，以预防病毒传播，因此道路交通的变化会非常明显，尤其在各类交通枢纽等人员密集区，智能化、智慧化监控和管理手段会被更频繁地使用，由于疫情的冲击，私家交通工具会对公共交通工具再次形成冲击，预约出行、就近就业、企业班车或将形成新的交通模式，道路和停车问题将会面临严峻考验。

四、休闲商业

和2003年"非典"一样,最受冲击的就是旅游、餐饮和零售业,和当年不同的是,2020年的病毒传染性更强。因此,餐饮、零售业的"上线"必然形成趋势,实体运营在很长时间会受到冲击,生鲜超市的模式会进一步发展和扩大,随着物流行业的发展,商业更有可能会成为物流仓储的一个节点,政府和公众对聚集性疫病传播的恐惧在一段时间内不会消失,因此小体量更精准的商业休闲活动会受到关注,"钓鱼营销"将逐步取代"撒网捞鱼"。

文旅等旅游项目将会进一步出现两极分化,一类是更向聚居地考虑,减少交通时间,提高一次消费量,"旅游+购物"的模式会加速升级;另一类将向更高端的方向发展,私人定制的交通模式、消费模式会受到一定的追捧。

五、教育培训

云台、云盘、课程直播、视频课程在教育行业使用已久,未来结合5G的互动教学将逐步完善远程教育的能力,因此实体教育和培训会受很大影响。同时,学校的设计和建造会受火神山医院建造的极大影响,快速建造、模块化拼装、负风压消毒都将成为学校设计和建造的热点。

六、医养康疗

在所有的九大场景中，受疫情影响最大的估计就是"医养康疗"场景，未来的医院、养老、康复和疗养建筑的标准估计都将出现新的变化，尤其是在对微生物（病毒类）的预防方面会受到更多的重视。因此可以预计，相关的产品和技术将成为市场一个热点。

七、社区环境

封楼和排长队领口罩的场景估计会成为这一代人的深刻记忆，因此社区环境的变化将会出现"软硬"两个方向。在硬方向上，不仅仅是每户的私家楼栋和小体量社区会更便于管理，尤其是社区内和社区外，"显摆"将被"私密"取代，打造"方舟型社区"将成为新的发展方向。在软方向上，智慧化的监控和互动式手段将普遍使用在社区的每个角落，无接触管理和互动成为社区管理的主流，同时，定点社区服务是实现"数据到人"的真正好时机。

八、产城融合

此次疫情的"物资缺乏"让我们真正看到制造业和物流行业的重要，围绕一、二线城市，构建以物流、制造加工为节点的产城融合是促进地区发展的重要手段和模式，因此如何建立三、四线城市的产城融合，促进本地就业，围绕大城市进行产城融合的城市群建设，将成为未来地产行业快速获取优质土地资源的重要模式。同时，产城融合也是地产企业转型的重要手段。

九、自然景观

自然景观的发展从观赏型到功能型，将逐步发展成为实用型，城市农场或将成为一种新的自然景观形态，而现有的景观虽然强调社区交流，人群互动，却成为重要的防疫漏洞，因此如何在保障健康安全的同时，形成社区适度沟通，将是未来的一项重要课题。

九大生活场景中最重要的还是"居住环境"，以下具体分析"后疫情时代"的住宅产品和技术方向。

第二节　健康住宅

随着这次疫情的发生，我们发现以往的住宅在微生物和病毒的侵袭下束手无策，除了封门堵楼没有更好的办法，那么这次疫情之后，哪家企业可以快速建造出有一定健康防护能力的"健康住宅"，将会成为市场的热点和企业的标志型 IP。

健康住宅是在绿色环保节能住宅的基础上发展而来，通过各种技术手段规避我们生活中容易产生疾病的因素。根据 WHO（世界卫生组织）和海外健康住宅研究机构的长期研究和分析，在生活环境中，易致病的因素有三类：物理因素、化学因素和生物因素，而此次疫情的发生主要是生物因素的微生物（病毒）导致，具体详见下表。针对不同的致病因素，健康住宅有对应的技术手段，以确保居住环境和居住者的健康安全。本书将从"空间、立面、结构、设备、设施"五个方面进行产品分析和技术概述。

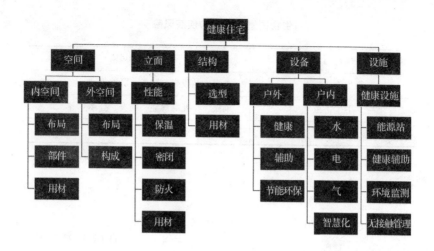

物理因素易引起的疾病风险

物理因素		引起疾病风险
紫外线		红斑、黑色素沉淀、角膜炎、结膜炎、皮肤癌
湿度	低湿	流行性感冒
	高湿	结露、霉变、跳蚤等
室温	低室温	毛细血管末梢收缩、高血压、心脑血管疾病等
	高室温	睡眠障碍、高血压、心脑血管疾病等
噪声		心理障碍、生理障碍等

化学因素易引起的疾病风险

化学因素	引起疾病风险
VOC：挥发性有机化合物	白细胞减少、黏膜刺激、化学物质过敏等
ETS：烟草等排出烟气	癌症发生率（肺癌、喉头癌等）
Metals：有害金属	皮肤过敏、肺癌、鼻炎、神经组织障碍等
空气浮游粒状物质	阿斯特肺症、肺癌、过敏症

生物因素易引起的疾病风险

生物因素	引起疾病风险
微生物、病毒	鼻炎、结膜炎、肺炎、肝癌等
卫生害虫	痢疾、小儿麻痹症、脑炎、登革热等
花粉	过敏性疾病

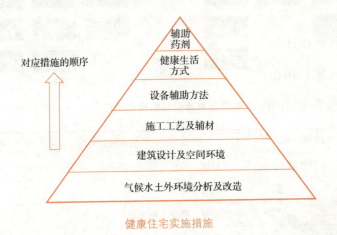

健康住宅实施措施

一、空间

我们这里所指的空间，不仅仅是指室内部分，包括室内和室外两个部分，也不仅仅只是装饰专业，还有规划、景观多项专业内容。

（一）室外空间

健康住宅的室外空间围护要考虑的不仅仅是社区安全性的问题，更主要的是通过技术手段，避免生物因素对社区健康环境的干扰和侵袭。根据专业病毒研究机构的研究，微生物（病毒）的存活范围在一定温度和空间范围内，因此外围墙部分除了满足透绿、城市景观等功能性措施外，还要有相应的技术措施降低微生物侵扰。同时，在传统布局设计的基础上，形成楼栋围护，避免内部的不利干扰。

1. 功能性入口

传统设计中，社区出入口都是开放式的，微生物和病毒跟随人和车辆自由出入，毫无阻隔和防护的措施。健康住宅的出入口，要考虑封闭性，并设置一定的回风设施，通过内外压差，进行新风替换，同时具有药剂辅助消毒的功能，减少室外环境对内部环境侵扰的概率。

传统社区开放式入口

健康住宅封闭入口及过渡大堂

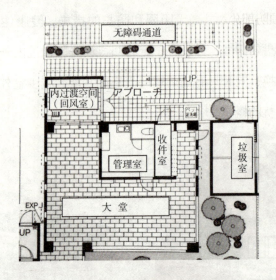

封闭式入口布置示意图

2. 多功能围墙

传统住宅的外围墙设计主要有两种类型：透空透绿型和高墙封闭型。在实际使用中，虽然透空透绿型有较好的城市界面观感，但是却成为病毒防御的一道薄弱环节，尤其是冬季植物生长不茂盛的阶段，缺少环境保护的屏障。高墙封闭型围墙体系虽然可以有效地进行保护和屏障，但是对城市界面的观感不利，更不利于采光通风，对健康环境也有一定的影响。

因此，健康住宅的外围墙，在满足城市界面美观要求的前提下，同时需要考虑形成微生物（病毒）的外层阻挡，以此次新型冠状病毒为例，根据医学资料显示，病毒存在密度最高的区域是在患者周边 1.5~2.0m 范围内，所以只要能保证这个范围内外隔离就可以预防部分微生物的影响。一般多功能外围墙有三种：第一种是透光型封闭外围墙，用玻璃砖等透光材料制成可以透光但是阻隔微生物的外围护墙；第二种是附加隔离型外围墙，利用地形设置花坛或者外绿化，即透空透绿保持美观，又形成微生物隔

传统透空透绿型外围墙

离区，相对成本也较低；第三种是采用高科技单向反渗透膜的外围墙，在透绿透光的镂空外围墙中形成微生物阻碍层，而且不影响采光和通风，但是此项技术成本过高，相对应用较少。

透光型封闭外围墙

健康住宅外围墙（花坛型、绿篱型，可加装单向反渗透膜）

3. 楼栋闭环组合

传统规划设计中的总图布置，较多地考虑满足规范要求后的相对位置，比如间距、日照等因素，设计相对规模较大的社区时会考虑楼栋景观，但是经过这次疫情，楼栋的独立室外空间环境会引起客户的注意，这类空间在相对极端的情况下（如封楼），是能够尽可能避免与其他楼栋交叉感染的独立活动场地，即楼栋的专属室外空间，是规避疫情风险，同时又能满足一定户外活动需求的重要场地，这也是健康住宅室外空间的重要组成部分。

传统围合式室外空间布局

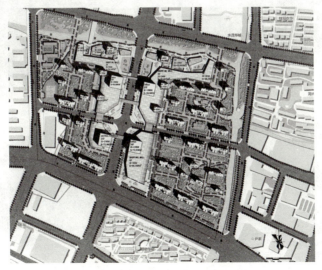

健康住宅楼栋专属室外空间布局

4. 可消毒的活动场地

社区的室外活动场地一直是传统产品关注的重点，在以往也是很多地产企业宣传的重要 IP，比如"童梦童想""健康步道"等。虽然这些设计给社区带来了活力，但是在以往的项目中，或许只关注了安全使用，但是却忽略了疫病传染，成为微生物（病毒）传染的高危区，而且大部分这类设计都是为老人和孩子准备，这两类人群又是高危人群，因此健康住宅社区在室外空间活动场地的设计中应更注重抗菌和可消毒。一般可采用两种措施：首先采用抗菌材料，减少微生物吸附或存活，其次在集中活动场所，采用半围合或者移动围合方式，便于定期消毒。

传统社区的活动场地

健康住宅半围合式活动场地和移动消毒罩

（二）室内空间

室内空间是相对于室外空间的内部空间，其中包括居住空间、公共空间等。这也是健康住宅的重要部分。长期以来，传统住宅产品的空间环境已经充分考虑尽可能地满足客户的需求，但是在健康空间的设计方面还有一些欠缺，以下将从居住空间和公共空间两个方面分析和说明健康住宅和传统住宅的差异。

1. 居住空间

居住空间是客户居家生活的主要空间，因此也是保障健康的主要场所，我们从"布局、部件和选材"三个方面对健康住宅建设要点进行分析。

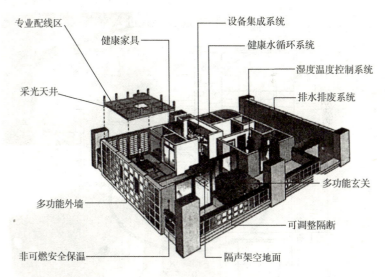

健康住宅内空间概要图

（1）功能型双玄关。玄关对于居住环境就类似于口鼻对于我们，是内部空间和外部空间接触面最大的场所，也是健康防护的第一道屏障。传统设计对于玄关功能的主要考虑是"收纳、换鞋和通道"，很少有健康防护的配置。而作为健康住宅的玄关，具有非常重要的作用，首要的防护和消毒工作基本都是在这个区域完成。因此，健康住宅的玄关是具备"收纳、通道、更衣、阻隔和消毒"的功能型区域。

健康住宅的玄关最理想的状态是"内外玄关双门制"，这样可以有效地区隔内外环境，不过由于很多高层住宅使用面积有限，很难实现双玄关和双门制，因此最低限度实现半围合空间，也可以有很好的健康防护作用。玄关区域设置具备消毒功能的更衣空间，避免外部微生物和粉尘通过外衣进入室内。

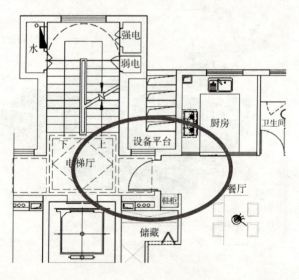

传统开放式玄关布局和健康半围合玄关布局

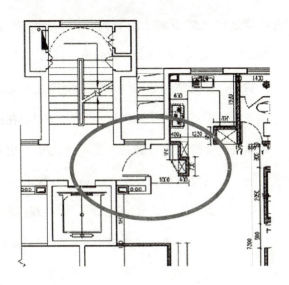

传统开放式玄关布局和健康半围合玄关布局（续）

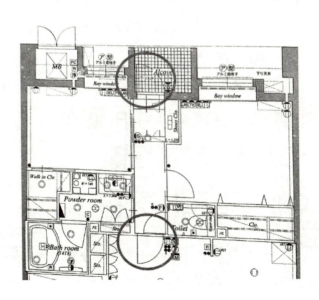

健康住宅双玄关双门布局

随着近年建造技术的发展,玄关的防护和屏障功能日益增加,所以有效布置玄关功能是健康住宅的重要环节。

(2)半围合厨房。厨房是居住环境的一个重要组成部分,也是会对健康问题产生巨大影响的区域,首先"病从口入"是常识,餐饮区域如何避免微生物侵袭是重要课题;其次,厨房是居住环境中水蒸气、油气粒子等重要产生区域,本身也是影响健康的重要因素;第三,厨房的残留食物、残留污渍、潮湿环境是害虫生存的有利环境,因此如何防治害虫消除疾病隐患,也是这个区域的难点。

随着我国经济水平的提升,传统住宅的厨房逐步从围合式向开放式发展,但是由于我国的饮食习惯和烹饪方式,全开放式厨房在现阶段对居住者的健康是不利的。

考虑社会的发展同时结合健康环境的需求,健康住宅的厨房建议采用半围合方式,既可以满足备餐人员与家庭成员的互动和交流,又可以消除大部分影响健康的隐患。

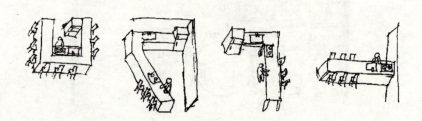

传统住宅厨房布局示意图

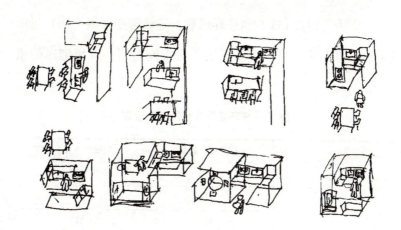

传统住宅厨房布局示意图（续）

健康住宅半围合式厨房

（3）健康的卫浴间。卫浴间也是居住环境中最容易出现健康隐患的场所，随着住宅保温密闭性能的提升，更容易导致空间内发生霉变，而这些霉变引起的真菌就有可能会导致呼吸道疾病，进而引发肺炎。因此一个健康的居住环境，必须有一个健康的卫浴间。下表是调查 158 户居住环境后，统计霉变（微生物）场所的汇总报告，从此报告可以看出卫浴空间对居住环境健康的重要性。

158 户居住环境霉变场所汇总报告

场所	霉变发生数量	比例（%）
浴室	138	87
厨房	43	27
玄关	42	27
卧室	39	25
儿童房	33	21
厕所	22	14
餐厅	13	8
其他	17	11

传统住宅产品的卫浴空间中，还在大量使用瓷砖和勾缝剂这类材料，而据调查统计的数据显示，勾缝材料出现霉变问题的比例高达 57%，因此在健康卫浴的设计中，如何避免过多的

传统以美观为主的卫浴间

缝隙，采用整体式板材，是解决健康隐患的重要措施。同时快干易清理也是实现健康卫浴空间的重点。

美观健康兼具的装配式卫浴间

（4）健康起居环境。健康的起居环境可以保障居住者的身心健康，与玄关、厨房和卫浴间不同，起居环境更为私密，相对环境污染源较少，主要是如何营造适合的声、光、空气和感知环境，确保居住者的身心健康。

传统住宅产品在起居空间考虑较多的还是空间利用和装饰用材，对于声、光、空气和感知的优化和设计考虑不足。而这部分恰恰是居住者身心健康最重要的关联部分。比如根据医学资料显示，室内空气含氧量低于12%就会出现头痛、判断力迟钝、体温上升和精神不安定的情况。

因此，健康的起居环境要有良好的光照、良好的空气和舒适的体感环境,才能保障居住者的身心健康。

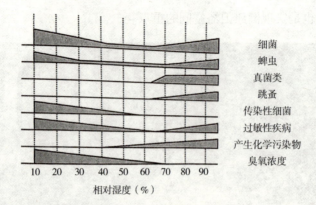

湿度与病原体的相对关系

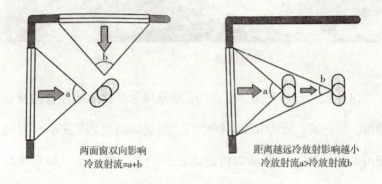

开口部位冷放射流影响

(5)居家办公环境。这次疫情的发生,促进了居家办公的发展,各类居家办公软件如雨后春笋般蓬勃而出,但是仅仅只有硬件是远远不够的,网络信号的稳定、能源的持续供应、适合远程交流的工作环境等都是居家办公需要考虑的重要问题。

传统住宅产品主要针对的都是家庭生活的场景,很少考虑居家办公的需求,所以在以往的产品中,很少会设置满足工作需求的居家办公空间,而仓促改造也很难满足工作的全部要求。

居家办公空间除了满足办公所需要的硬件要求外,最好可以与居住空间有一定的"距离",保持相对的独立性,可以形成既合又分的空间组合环境。在健康住宅中,依托大空间、SI 技术和组合家具可以很好地实现相关的需求,结合双玄关双门制,可以让居家办公真正实现。

居家办公空间和双区域设计

低层高影响的居家办公地面布线系统

第三章 地产行业的产品和技术 | 063

（6）门口的卫生间。长期以来，我们在研究住宅户型的时候，对海外户型中门口位置的独立卫生间表示困惑，很多相关的研究和设计人员认为这个卫生间的存在意义不大，甚至不符合国人的生活习惯和需求。但是，通过这次疫情，我们可以发现病毒在空间中可以存活一段时间，甚至出现了路过有病毒空间而被感染的状况。因此，如何在进入室内空间前第一时间避免外部病毒侵袭就是健康住宅要解决的重大问题，除了功能型玄关、双门制、消毒收纳等，就近进行洗手、清洁也是一项重要的措施。这就是门口卫生间存在的意义和重要性。当然，如果空间受到限制，在无法布置坐便功能的情况下，布置洗手台也能很好地实现洗手和清洁功能。

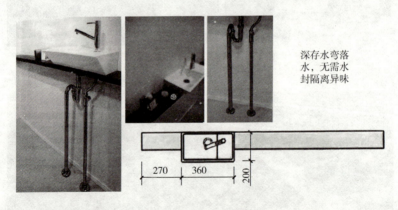

深存水弯落水，无需水封隔离异味

入户独立清洁空间

（7）消毒功能的收纳空间。健康住宅的收纳空间不再是实现存放物品的简单功能，而是根据收纳空间所在位置、存放的物品

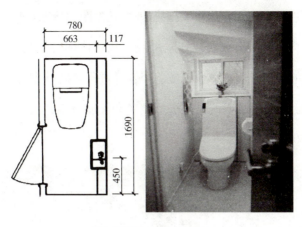

带坐便器的入户清洁空间

和周边环境的不同，配置通风、紫外线消毒、除尘和药物辅助消毒功能，以保障收纳环境的健康。

多功能消毒型收纳空间

（8）居住空间智慧化。在这里我们讨论的是智慧化系统，而不是智能化系统，相对传统住宅产品的智能化，健康住宅的智慧化有更进一步的要求,除了传统的"一卡通、安全防护、电动窗帘"等内容外,健康居住智慧系统将从居住环境监测分析入手,对空间的温度、湿度、含氧量、照度等进行实时数据分析,并根据比照健康指标要求的结果进行设备和设施调节,及时进行环境的健康优化改善。

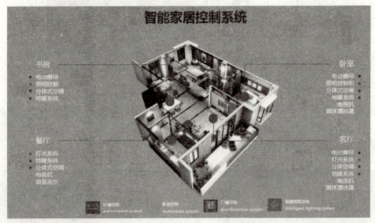

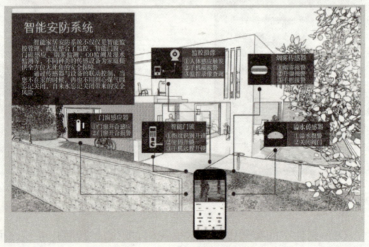

传统住宅产品智能家居控制和安防系统

健康住宅体检和室内空气环境监测系统

（9）推杆式入户门把手。当我们从户外回到家里，首先接触的就是外门把手，传统把手的设置都是接触式的，也就是说如果一个家庭成员的手接触了微生物或者病毒，就很可能通过门把手传递给其他的家庭成员，因此入户门把手实现"无接触式"是避免病毒传播的重要措施。

推杆式入户门把手，可以避免直接用手接触室外把手，避免病毒、细菌的寄生和交叉感染，是健康住宅与普通住宅的一个重要区别。

推杆式入户门把手

（10）抗菌的材料。新型的健康抗菌建筑材料主要分为三类：吸附类、排斥类和中和类。吸附类材料利用材质的高吸附性能，吸附空气中的微生物和有毒有害物质，这类材料有膨润土类的抗菌涂料和面砖、石墨类材质的净水系统、蜂窝膜类的空气净化系统等；排斥类材料主要是利用高致密材料或者自洁净材料的低孔隙率形成材料面层高强排斥性，使微生物和有毒有害粒子无法吸附，从而易于清理清除，这类材料有厨房用抗菌阻燃板、卫生间专用墙纸、快干抗菌类地砖、浴室一次成型整体抗菌顶棚等；中和类材料类型很多，有的利用静电吸附中和、有的利用有利菌种吸附中和、有的利用化学物质进行中和，因此这类材料主要用于净水器、空调系统、空气净化系统中。

随着建筑材料加工行业的进步，自然素材的材料的耐久、防火和各种性能都有了很大的提升，因此相信在不久的将来，这类环保、健康和更有亲和力的材料会受到消费者的青睐。

吸附性抗菌墙面材料

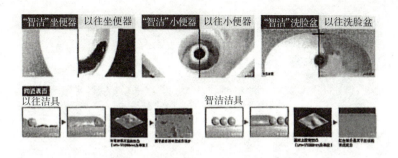

洁具面层排除型自洁技术

中和类抗菌腻子

木材和麻布结合顶棚（高端、健康和柔和）

颜色可根据个人喜好定制。
基本尺寸为910mm×1820mm（也可根据个人需求定制相应尺寸）。
采用胶水直接黏贴，可实现无缝化连接。

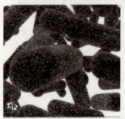
抗菌

耐热

保持厨房墙壁洁净

耐污耐洗涤

耐划伤

清洗方便

厨房抗菌防火板

2. 公共空间

公共空间在建筑物内必不可少，车库、大堂、电梯、走道等，是我们居住环境的重要组织部分，但是公共空间也是微生物和病毒聚集的地方，如何避免病毒的传播，保障居住者的身心健康，除了居住者注重各自卫生健康习惯外，公共空间如何设计和保障无接触交流，通过避免直接接触的方式避免微生物和病毒的传播扩散是健康住宅必不可少的重要建设内容。

无接触设置。无接触设置主要避免两类接触：第一类是直接接触；第二类是间接接触。

这两类接触都比较好理解，第一类直接接触主要发生在邻里交流、管理人员与业主间交流、商业服务人员与业主交流等情况。为避免这个过程中发生微生物和病毒传播，一般采用增加室外空间功能，在空气流通场合进行沟通交流，比如利用架空层设置交流空间，或者在社区景观中布置互动通道；管理人员和业主的无接触交流可以通过智能社区的设备进行互动，也可以利用现代无线技术，同时在设计居住空间的设备时，可以采用集中外置式，这样可以将设备的维修、维护和管理放在室外进行，避免非必要性直接接触。

第二类间接接触主要是公共部位的入户门把手、电梯按钮、其他操作按键等公共部位的接触点，运用现代智能化技术和电气技术可以设计"无接触回家通道"，避免第二类接触的发生。尤其是在目前人脸识别技术的高速发展时期，病毒的二次传播完全可以被杜绝。

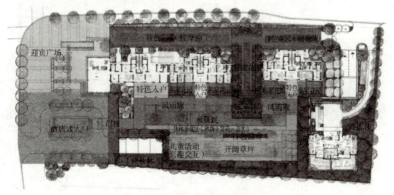

充分利用外部空间减少直接接触

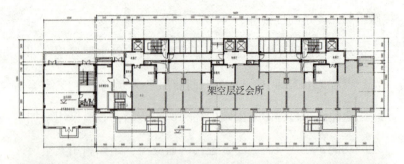

架空层邻里交流

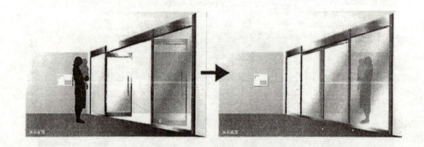

入口免接触感应门

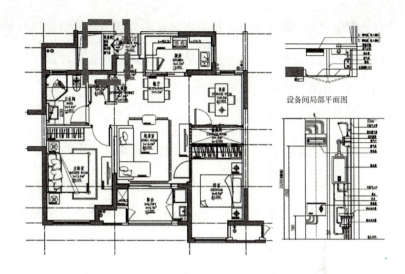

设备间局部平面图

外置设备集成系统

二、立面

健康住宅的立面在注重美观的同时，更加注重立面作为外围护体系需要达到的健康性能。比如是否满足健康要求的采光，是否有足够的通风条件，是否足够密闭，满足形成室内负压，确保新风置换等健康要素，同时立面选材也要充分重视外围护的安全、保温、节能和健康，比如目前很多住宅都比较喜欢选用全石材立面，但是有些矿物质杂质较多的石材易产生大量辐射，影响居住者的身心健康，这些都是健康住宅立面设计时需要重点考虑和重视的问题。

（一）保温

建筑物外围护就像我们穿的衣服，冬天御寒，夏天遮阳，因此好的保温是双向的,冬天保持室内温度不外流,夏天阻挡热浪不内侵,要做到这两点,主要还是依靠墙体保温系统和门窗保温系统,缺一不可。

(二) 密闭

密闭性能是现代建筑的一个重要指标,且相对容易实现。

(三) 防火

避免火灾发生是安全健康的首要宗旨,因此在实现保温密闭性能的前提下,防火阻燃的外围护保温体系尤为重要。

(四) 人工材料

在立面用材上应关注部分自然矿物材料的辐射性,建议采用耐久性高,耐候性好的人工材料。

总而言之,健康住宅的立面性能需求要高于美观。

建筑外围护的重要作用

三、结构

如果立面是外衣,结构就是住宅空间的骨架,目前大部分的住宅都是钢筋混凝土结构,部分是钢结构、木结构或者混合结构。各类材质的结构各有相应的优点,而健康住宅对于结构的期望就是结实、安全、可靠和耐用。

在经历这次疫情之后,在同样的空间面积中如何实现更多的实际使用面积,以确保居住者有更多的空间自由度将成为一个重要的话题。而小型化住宅在有限空间中要实现生活丰富化,首先要做的就是有效地利用结构体系,增加实际使用空间面积。因此结构的选型、布局和选材是重要的课题。

巧妙利用结构构件形成美观的立面

四、设备

住宅设备主要有水、电、燃气和暖通四大系统,水系统可分为给水和排水,电系统有强电和弱电,燃气系统是能源供应的重要组成,暖通系统主要是维持室内环境的舒适性。设备是健康住宅的重要组成部分,也是实现住宅健康的重要手段,很多细节直接关系居住者的身体健康。

目前通过装配式模块系统技术,可以运用成套设备体系,系统性地解决相应的问题。

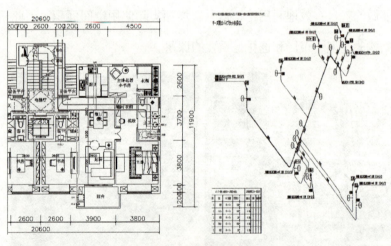

案例项目成套水系统

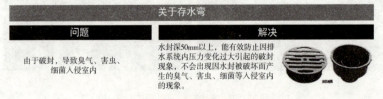

水封不足地漏破封的解决方案

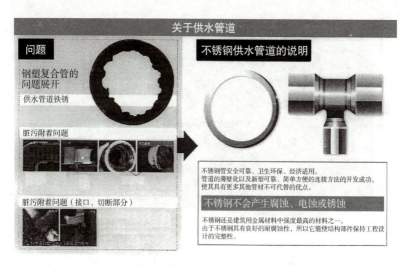

传统进水管和不锈钢进水管的差异

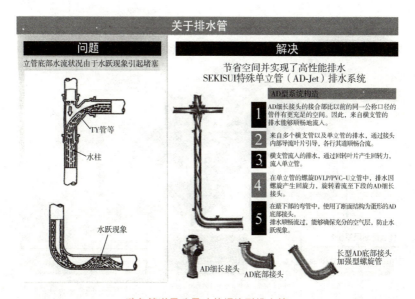

避免管道异味异响的螺旋形排水管

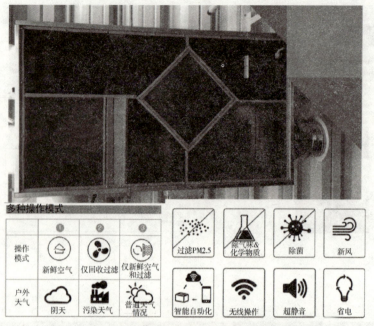

带空气过滤的热交换系统

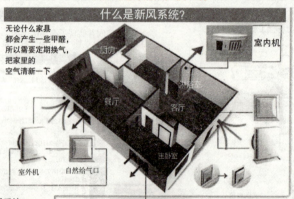

室内新风系统

什么是新风系统?

对住宅进行全方位有效通风换气的系统,在实现高效节能的同时,改善居室生活质量,让您在清新、自然的空气中享受安全、健康、舒适的生活。

换气窗

新风系统是由风机、进风口、排风口及各种管道和接头组成。安装在吊顶内的风机通过管道与一系列的排风口相连,风机启动,室内受污染的空气经管道及风机排往室外,使室内形成负压,室外新鲜空气便经安装在窗框上方(窗框与墙体之间)的进风口进入室内,从而使室内人员可呼吸到高品质的新鲜空气。

机械换气

有全面和局部换气两种方式,全面换气是通过更换整个居室的空气来降低室内污染程度。局部换气是以居室内的局部为对象进行换气。适用于厨房、浴室、卫生间等易产生污染有害物质的场所;也有以起居室等单独房间为对象的房间换气。机械换气不仅能排出室内被污染的空气。还有除臭、除尘、排湿、调节室温等功效。

五、设施

之前社区规模过大，集中式设施管理存在很大的难度，易发生群体性问题，但是随着管理技术的提升，尤其是 5G 技术的使用，管理效率和水平会明显上升，健康设施的普及性和功效性会进一步得到体现。

尤其是经历此次疫情之后，快递柜、生鲜超市、最后一公里的服务都将成为客户关注的重点。长期以来，众多物业公司一直努力推动的贴近客户的行动，预计将更进一步，但是建设容易，长期经营难，如何"做好做久"是设施存在的价值和意义。

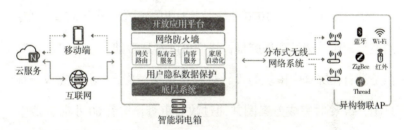

5G 时代设施模型

第三节 标准化和模块化

首先我们非常感谢中南设计院在网络上分享了火神山医院和雷神山医院的设计资料,也就是这样的公开资料,让我们真正看到设计的标准化和模块化的"真实面目"。

10 天,3 万 m^2,1000 张床位,1 所隔离医院凭空而起,从零到运行,虽然透过直播屏幕,我们可以看到激动人心的"战场",但是没有在屏幕中出现的设计过程也依然精彩,5 小时完成场地总图,24 小时完成方案图并通过政府审查,接着 60 小时完成全部施工图。方案快,审批快,设计更快。虽然我们看到后续用了 60 小时完成全部图样,但是我们都知道一个临时医院的设计工作量,这是传统设计 30 天的工作量,在短短 60 小时内完成,如果说没有标准化和模块化,是完全不可能实现的。虽然我不同意"一天出图"的说法,但是我认同在标准化和模块化的支撑下,设计要实现"零变更"是完全有可能的,而且可以在有限的时间内实现!

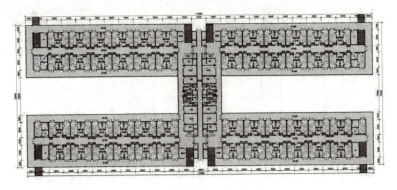

每个标准护理单元50床,4个标准单元形成一个治疗模块

结构也实现了标准模块化,所谓的"集装箱"并不真的是个箱子,而是预制板材及预制钢柱,即"集装箱式箱体活动板房"+"模块化拼接"。不同于一般的梁柱式结构的"一根柱承担附近所有(梁)板的重量",需要通过计算再来配置梁、柱和板,这里的标准模块化结构是"一块板+4根柱"的模式,若加板就加柱,再加板就再加柱……虽然我们不能完全照抄到自己的项目中,但是以同样的思维方式,把相对的受力构件进行标准模块化,这样的标准模块化结构也是可以从容实现的。

传统住宅项目是否有可能实现这样的设计方法?答案是肯定的。而且之前我们已经有过类似的实践。2017年,为协助日本某企业为国内一家地产公司做SI样板房,我有幸参与了相应的设计过程。该过程和这次的医院建设非常相似,首先跟进甲方要求进行方案设计,在经过多次详细讨论之后,根据确定的方案、部品部件和工艺要求开始进行图样深化,而此时的图样仅仅只是明确

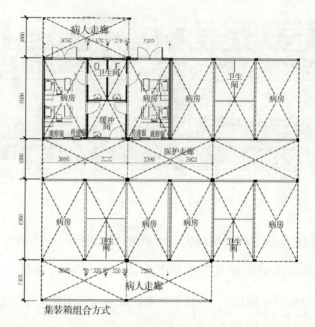

集装箱组合方式

采用 3m×3m 的模数，最大限度模块化，配合 3m×6m 板房构件搭建

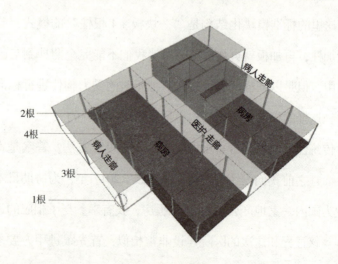

标准模块化结构

的方案和选样表（供应商表），后续由相应的供应商配合设计团队完成施工图全部达到深化图要求，现场实施没有任何变更和返工，而且备料准确（损耗极低，平均1%），到货准确及时（无误工，无退件）。

由此经过火神山医院和雷神山医院的全面展示及实践项目的经验，只要有实践供应体系的标准化和模块化图样完全可以为项目的降本省工带来切切实实的好处。同时，地产行业发展近30年，大浪淘沙，各个企业的"合作圈""朋友圈"已经稳固，除非有特殊要求，有成本和工期支持的"标准"和"模块"才是有真正现实意义的设计创造。

第四节　装配式技术

这次疫情过后，预计很长的时间内，10天一所医院的精彩片段仍将被津津乐道，同时在整个过程中，随着直播展现在大众眼前的装配式技术会得到广泛的认可，可以预计的是，装配式建筑是不是要做的疑问被一扫而空，整个行业将会深入研讨怎么才能把"火神山"医院的经验复制到传统项目中来。当然，也有不利的地方，现实树立的标杆"10天时间，39000m^2施工面积，1000个床位"成为装配式行业亟待突破的纪录。

这次装配式技术展示的主要还是钢结构技术，但是场地和基础部分仍然是混凝土结构，因此从成本的角度考虑，混凝土和钢的组合应用将会是后续传统产品中一个比较重要的热点。

经历这次波折，"工厂生产，现场组装，标准模块化"的印记将深深地记录在装配式技术的身上。标准化和模块化将全面促进装配式技术的发展。

装配式技术不是只有眼前的一亩三分地。比如以这次火神山医院的建设为案例,我们可以思考在日常产品中的应用和拓展。单模块高度6m,双模块高度就有12m,这个已经是非常标准的厂房要求高度,可以满足厂房、超市、大型商业建筑的需求;高密闭性产生负风压可以满足医疗机构的需求,那么医药、冷链物

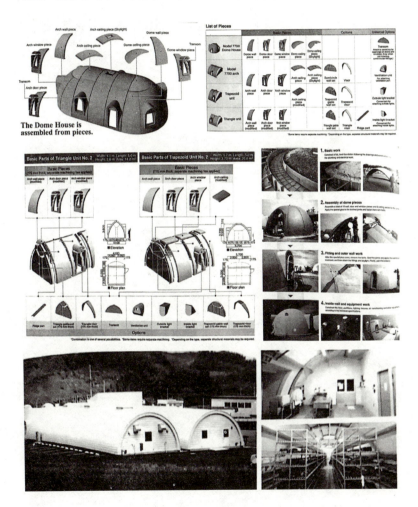

海外自承重装配式体系(适用于城市农业、物流、工厂、医养康疗)

流、仓储等也不在话下；轻质高强又可以随时成为地震等突发事件的避难所，一举多用……

由此而见，此次"黑天鹅"事件为装配式技术的广泛应用打开了一扇大门。比如采用类似火神山医院的材质形成自承重结构可以广泛应用于城市农业、物流仓储、园林景观和工业制造。

第五节　实心化 IP

当万人围观火神山医院的时候,就揭开了智慧工地的罩子,无线传输让整个建造过程完完整整地呈现在社会公众面前,人人都是监理,人人都是监工。"那么我们的家怎么造的,为什么不能看呢?"消费者一定会提出这个问题,而建造过程的展示正是地产企业技术实心化、独特化、IP 化的重要契机。

地产行业是知识产权保护最弱的行业,除了一方面是由于之前行业的发展过于顺利,地产企业只需要完成相应的整合即可;另一方面也是客户对产品的要求不高,对生活的要求不高。但是随着此次疫情的发生,"健康生活,回归家庭"这样的需求增多,客户对于"住"会有越来越多的需求,形成自己的技术 IP,在将来知识产权越来越受重视的时代,将会有利于企业的生产、生存和发展。

地产企业通过自身项目的整合,形成具备自身特色的技术体系,以专利群组的方式形成知识产权保护,并在市场上满足特定客户的需求,转而形成企业实心化 IP,促进营销交易,即是企业技术实心化 IP。

长期以来,要以技术成为企业的实心化 IP 是一件比较困难的事情,而且对于地产企业更为困难。因为成为 IP 的技术要具备三个条件:"数据证明、权威认证和真实可见",前两个都较易实现,但是"真实可见"对于建筑建造行业来说,存在很多困难,不过这次疫情的"黑天鹅"却打开了建造直播这扇大门,可以预见的是,随着"无接触消费"的习惯推动,在没有实体感受的支持下,建造直播将形成新的营销手段,这种方式的营销恰恰是推动技术实心化 IP 的最强动力。

技术实心化 IP 的传统表达方式

在直播销售模式风行的现在，更专业有助于更多的销售，我们甚至可以更多借鉴"口红"的销售模式，专业度是一个非常重要的维度，色号、体验和测评都需要专业人员给予专业支持，这也是技术IP"实心"的要求，相信在这样的市场需求的推动下，如何把技术做实，把技术做细，把技术做得接地气是未来地产企业面对的重要课题。

第四章

地产行业的制造和营造

第一节　建筑现代化、工业化和信息化
第二节　智能化和智慧化
第三节　运营和建造的结合
第四节　工业化的"长臂管理"

第一节　建筑现代化、工业化和信息化

有了产品，有了技术标准，有了实现手段，怎么把这一切变成产品，变成可以销售的"实体"，最终传递到消费者手中，完成整个价值转移的过程呢？哪里才有这样的房子呢？要回答这个问题，还是要回到这次改变我们生活的"疫情"中来。

一场突如其来的疫情，打乱了我们所有的生活节奏，热闹喧嚣的新春佳节不见了，"宅"成了 2020 年的开年词。虽然疫情汹涌，但是我们众志成城，全力抗击，各行各业都为抗击疫情贡献自己的力量。建筑地产行业也不例外，正值春节假期，缺人、缺料、缺时间……按照常规，一个月做方案，一个月审批，再一个月开工，但是 10 天内破土而出的"火神山医院"展现了现代化建设的威力，一天内平整好 5 万 m² 场地；三天内拿到施工图，并建起第一间样板房；第五天集装箱板房陆续到场，并建起一座双层钢结构病房区；第八天则完成了基础混凝土浇筑、住院楼数百套集装箱板房吊装，配套设施也搭建过半；又用了一天完成室

内基础设施、医疗配套设施的安装；第十天，一个容纳1000张床位的医院交付了。"快、好、省"，装配式建筑技术的优势发挥得淋漓尽致，一切关于装配式建筑技术是否合适的争议在事实面前戛然而止，全力推动、推广和应用装配式技术是我们行业首先之举。这就是答案，撇开一些额外因素，能够取得这样的成果依靠的就是建筑现代化和建筑产业现代化！后疫情时代就是建筑现代化的时代！

火神山医院场地平整时的建设场景

建筑现代化不是所谓的"现代派"，建筑现代化是现代工业化和信息化的综合，是建筑物的风格、功能和建造过程的综合现代化。其特点是充分利用现代科学技术成果，应用高新技术，为日新月异的现代社会提供使用功能良好的工作和居住条件；这种建筑采用高效能新型材料、先进的结构和完善的设备，具有优越

标准化模块和拼装后的实景

的室内、室外环境，灵活可变的建筑空间。建造过程的现代化包括勘测设计、材料制品和设备生产以及施工安装过程的现代化，广泛应用电子计算机和网络、自动化等技术。建筑现代化是长期发展的过程，内容不断更新；评价尺度可以按不同的建筑类型如住宅、各类公共建筑、厂房等对照当代发达国家的同类建筑已经达到的水平。

建筑现代化的特征

建筑现代化关联企业及内容

但是"现代化"与西化不能画等号,中国的现代化并不是全盘西化!

我们的建筑现代化是以建筑业转型升级为目标,以技术创新为先导,以现代化管理为支撑,以信息化为手段,以新型建筑工业化为核心,对建筑的全产业链进行更新、改造和升级,实现传统生产方式向现代工业化生产方式转变,从而全面提升建筑工程的质量、效率和效益。更主要的是当今世界信息技术正在改变我们的生产方式、消费方式和生活方式。从建筑业的未来发展看,信息技术必将成为建筑工业化的重要工具和手段,建筑工业化与信息化的深度融合必然对传统建筑业的生产方式进行更新、改造和升级,是现代工业和现代建筑业的重要特征,意义深远,范围广泛,作用巨大。因此,我们的建筑现代化是运用信息技术实现设计与施工的融合、设计与产品的融合、设计与管理的融合,是信息化与工业化的深度融合。

有了"建筑现代化"的概念，我们就更好理解"火神山医院"的实践——这个世界没有奇迹，每个奇迹都是我们的积累最终释放的力量，建筑现代化通过在"火神山医院"的实践可以总结出三大重要内核：

❖ 建筑现代化绝不是在传统生产方式上的修修补补，是生产方式变革。由于生产方式的变革，必然带来工程设计、技术标准、施工方法、工程监理、管理验收的变化。标准化和模块化设计关系到整体运营和组织管理，要充分尊重供应链管理的原则，适合工业化生产的需要。

❖ 建筑现代化的发展涵盖建设生产活动的全系统、全产业链、全过程。未来的建造是设备的主场，因此必须从传统建造过渡到现代营造，重视人和设备、设备和设备、设备和零部件的相互配合，才能保障工期和成本。

❖ 其生产方式的变革将对现行的体制机制带来一系列的变化，具有系统性。由于生产方式的变革，必然带来管理体制、实施机制的变革，审图制度、定额管理、监理范围、责任主体也都将发生变化。承建商和"朋友圈"的全力以赴最终保障了"火神山医院"的成功，很难想象在相互推诿的场景可以实现这样的工业化快速建造，同时维持"朋友圈"的不仅仅是"友谊"，更重要的是"标准"，保障质量的标准，只有在这样的标准下，才会有"举贤不避亲"。

人还是这些人，材料也还是这些材料，设备依然还是这些设备，但是有着不一样的成果，关键是运用现代的科学技术和管理替代和改造了传统的劳动密集型的生产方式。现在不是想不想改变传统生产方式，而是新时期的经济社会发展和现代工业化浪潮已经把我们推到了必须要面对和改变的前沿。

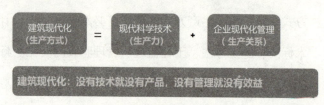

建筑现代化内核

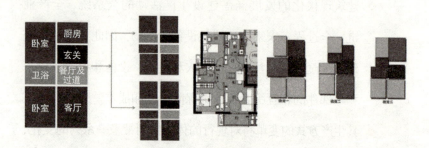

建筑现代化标准模块设计组织

以健康住宅为例，传统的组织方式是从设计资料中提炼销售卖点；而工业化的组织方式，是直接从部品构件库中，选择合适的产品。这样既节省了前期时间，也降低了后续成本。不过，这样的管理需要很强的工业化组织能力。

而工业化组织能力的发展是一个漫长的周期，需要时间和积累，但幸运的是，我们现在所处的信息化时代是信息爆炸的时代，科学技术一日千里，迅速发展，为工业化管理补足短板。即使如此，面对如潮水般的大数据，甄别是否对工作有帮助，还是非常重要和重大的工作，会牵扯非常多的工作精力，而且如果出现偏差的话，会引起不必要的损失。所以建筑现代化工作，更需要信息化的支持和帮助。

传统项目组织	工业化组织
方案	方案
施工图	施工图
部分咨询	部分咨询
	专利部品
	专利产品
	全程咨询
	……

建筑现代化项目技术管理变化

类别	产品体系化		功能模块化															部品标准化								
			卧室	起居	玄关	收纳	厨房	卫浴	家庭	书房	工作	家政	个性	庭院	过渡	趣味	走道	基本装饰	LGS装饰	集成装饰	基本设备	标准设备	高配设备	基本设备	标准设备	高配设备
住宅	基本	基础	•	•	•		•	•							•		•	•			•					
		标准																								
		高配															•					•				
	良好	基础									•		•			•							•			
		标准																					•			•
		高配																						•		
	安全	基础																								•
		标准												•					•							•
		高配																								
	安心	基础																								
		标准																								
		高配																								
	健康	基础																								
		标准																								
		高配																								
	舒适	基础																								
		高配																								
	可变	短期	•	•																						
		长期																								

建筑现代化住宅产品的功能模块化组织

第二节 智能化和智慧化

这是一个真实的案例。

2020年2月10日,虽然武汉还在"封城",但是不少江浙地区开发公司已经在为年后的复工进行着准备工作。这时有个项目的技术人员恰恰回武汉过年,滞留无法返回,虽然可以视频会议,可以传送文件,可是工程设计的CAD文件的读取、修改都成了问题,因为这个工作需要专业的软件,而且如何保密,如何保障文件传递的及时性都是难题。很幸运的是,这家企业部署了一套协同系统,简单地说就是可以调用服务器资源进行交互工作的系统。

远在武汉被隔离的同事可以通过协同系统在服务器上获取最新文件,然后调用服务器的专业软件进行工作,再与相关同事和合作伙伴进行在线交流和文件传递,确保项目技术准备工作有序推进,与此同时,系统会把这一系列操作记录备案,确保项目执行最终的记录文件完整、详尽和可靠。

难题一下子就解决了，虽然人员遍布全国各地，但是项目的准备工作执行依然有效、有序、有组织。这个还仅仅只是简单的技术协同系统，对于装配式项目而言这个是起步的模式和模块，在和装上感应器和摄像头的智慧工地对接后，项目的管理将更加便捷。

随时随地获取项目最新的文件　专业内的设计协同、专业间的设计协同　在线校审，实现设计与校审之间的协同　组织异地设计团队，实现远程异地协同设计　批量打印生成电子底图，实现电子交付　设计过程处处留痕，建立生产和管理之间的桥梁

协同系统功能

 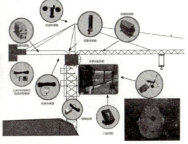

可视化智慧工地

虽然疫情后对于项目管理人员的管理协调能力提出了更高的要求，但是在标准和模块化工作的支持下，系统算法可以提供更可靠的工作组织。尤其是在大数据的支持下，通过系统的帮助可以建立有效的工期计划和场地布置等以往繁杂的工作。根据目前

近 500 万 m³ 的构件生产数据统计，平板型构件要占到 70% 的比例，在这种情况下，管理人员可以很容易对现场的调度安排进行模拟和计划，尤其是通过系统集成，大大降低出错概率，比如利用软件系统设立的生产辅助系统可以快速进行生产计划安排和成品调度，完成以往需要很多人员不眠不休加班熬夜才能完成的工作。

500 万 m³ 构件生产数据统计表

构件类型	构件品种	构件数量/块	构件占比1（%）	构件占比2（%）	适合生产工艺
平板型构件	叠合板	182395	65.7%	46.3%	叠合板流水线
	三明治外墙板	61498	22.1%	15.6%	综合流水线
	内墙板	31673	11.4%	8.0%	综合流水线
	梁柱	2090	0.8%	0.5%	综合流水线
	合计	277656	100.0%	70.4%	
异型构件	阳台	35228	30.3%	9.0%	固定模台
	空调板	29275	25.2%	7.4%	固定模台
	楼梯	21131	18.2%	5.4%	独立模具
	装饰构件	12199	10.5%	3.1%	固定模台
	三明治外墙板	12243	10.5%	3.1%	固定模台
	挂板	4125	3.5%	1.1%	固定模台
	女儿墙	2096	1.8%	0.5%	固定模台
	合计	116297	100.0%	29.6%	
	总计	393953		100.0%	

随着互联网的进一步发展，5G 系统的普及和成熟，未来利用智慧系统协助项目管理的方式会更多。从 2019 年开始，我们

就在研究如何通过大数据集成更进一步推动智慧化系统协助进行项目管理。这项工作目前已经取得长足的进步，我们的工作团队在分析了近百个项目、500万m^3构件之后，积累了大量的数据，其中包括构件模数、成本差异、模具类型等，通过这些数据的集成，可以快速形成装配式项目的应用和管理方案，提升管理效率，降低管理成本。

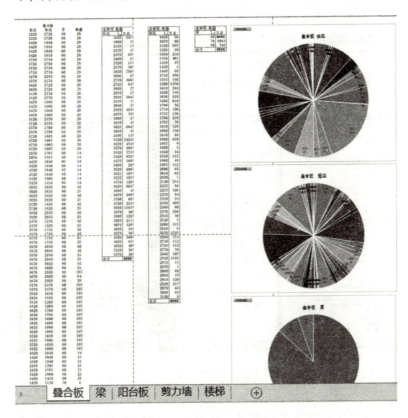

标准构件基本统计数据库

移动端交互工作平台

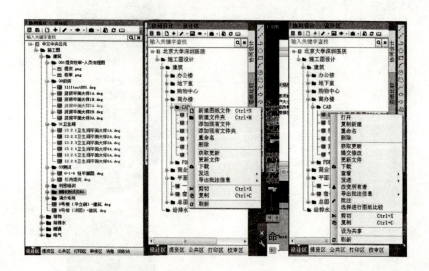

计算机端交互工作平台

在智能化和智慧化的实践过程中，我们不得不承认一个现状，在 IT 技术飞速发展的情况下，设备和智能的辅助作用越来越明显,"工业化时代,人已经是设备的一部分",也许这句话有点残酷,但确实是无可回避的事实,在当下,我们只有调整自己,让劳动者的能力匹配设备的运行,才能真正降本增效。

第三节 运营和建造的结合

改革开放 40 多年来,我国建筑业仍是一个劳动密集型、建造方式相对落后的传统产业,尤其在房屋建造的整个生产过程中,高能耗、高污染、低效率、粗放的传统建造模式还具有普遍性,与当前的新型城镇化、工业化、信息化发展要求不相适应,与发达国家相比差距较大。

传统建造主要问题:

❖ 设计、生产、施工相脱节——生产过程连续性差。

❖ 以单一技术推广应用为主——建筑技术集成化低。

❖ 以现场手工、湿作业为主——生产机械化程度低。

❖ 工程以包代管、管施分离——工程建设管理粗放。

❖ 以劳务市场的农民工为主——工人技能和素质较低。

如果没有这次疫情的发生,也许传统建造向现代化营造的转换需要更长时间的实践,并在实践中解决"人和设备如何匹配"的问题。但后疫情时代,随着社会的发展,恐怕这已经是亟待解决的关键问题。随着疫情逐步消退,更多餐饮、娱乐、服务性行业全面"触网",当飞流穿梭的外卖小哥解决我们一系列生活难题的时候,"无接触消费"不可避免地又分流了大量劳动生力军,传统建造以农民工劳动力为主的建造方式,在"后疫情"的缺人时代,更会力不从心,因此地产行业如何用更多的设备取代"人"成为未来发展的趋势,也会不可避免地加快推进建筑现代化运营。

建筑现代化运营就是解决建筑工程质量、安全、效率、效益、节能、环保、低碳等一系列重大问题的根本途径;是解决房屋建造过程中设计、生产、施工、管理之间相互脱节,生产方式落后问题的有效途径;是解决当前建筑业劳动力成本提高、劳动力和技术工人短缺以及提高建筑工人素质的必然选择,是建筑现代化运营的发展途径。

现代工业化运营

传统建造和建筑现代化营造的结合是针对整个建筑产业链的现代化,是一个发展过程,是解决全产业链、全寿命期的发展问题,重点解决房屋建造过程的连续性,使资源优化、效益最大化。而工业化是生产方式的工业化,是建筑生产方式的变革,主要解决房屋建造过程中的生产方式问题,包括技术、管理、劳动力、生产资料等,目标更具体。应该说,工业化是产业化的基础和前提,只有工业化达到一定的程度,才能实现现代化。因此,现代化高于工业化,建筑工业化的发展目标是实现建筑现代化。

传统建造与现代化营造结合

内容	传统生产方式	传统建造与现代化营造结合
设计阶段	不注重一体化设计 设计与施工脱节	标准化、一体化设计 信息化技术协同设计 设计与施工紧密结合
施工阶段	以现场湿作业、手工操作为主 工人综合素质低、专业化程度低	设计施工一体化 构件生产工厂化 现场施工装配化 施工队伍专业化
装修阶段	以毛坯房为主 采用二次装修	装修与建筑设计同步 装修与主体结构一体化
验收阶段	竣工分部、分项抽检	全过程质量检验、验收
管理阶段	以包代管、专业化协同弱 依赖农民工劳务市场分包 追求设计与施工各自效益	工程总承包管理模式 全过程的信息化管理 项目整体效益最大化

运营和建造相结合是行业管理模式的创新,是整合优化整个产业链上的资源,解决设计、制作、施工一体化问题,使其发挥最大化的效率和效益的创新。要实现这个创新,实现优化产业链资源,必须先要明确产业链的主体,明确哪个环节起核心作用,根据工业化产业链的基本规律,我们可以清晰地发现整个产业链的主体并起核心作用的是"施工建造环节",类似于工厂的总装

车间。而能够使整个产业链上下游各环节实现联动是"技术体系",类似于工厂的控制系统。我们的创新就是要用技术体系使全产业链形成联动。

运营和建造的创新模式

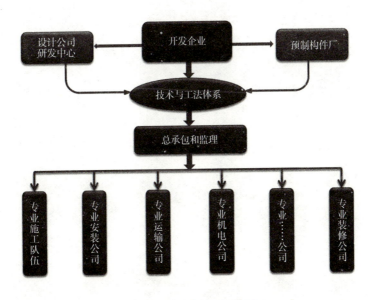

运营和建造结合的组织模型

随着传统建造模式和工业化运营的深入结合,慢慢也许会出现更专业的建造管理模式,随着产业工人阶层的逐渐成熟,或许建造也会变成"无接触模式",到了那个时候,也许每个人都是建筑师,每个人都是建造师,建筑将是真正的工业化创造。

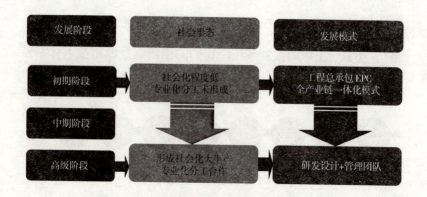

不同发展阶段的发展模式

第四节 工业化的"长臂管理"

长期以来由于传统建造模式是从原材料现场组装为可以居住的住宅,因此我们的传统建造并没有工业化的管理理念,"供应商"一般只是提供材料而已,并不需要进行更多的管理。但是,随着传统建造和工业化运营的结合,更多的大工业管理方法和措施将逐步使用,以"工厂"和"车间"的角度来看,长臂管理就变得非常重要——前道工序的问题,会严重影响后道工序的品质,从而直接影响最后产品在市场的价值——这是供应链管理的要素。因此本节就简要结合供应链管理,分析工业化的"长臂管理"对"后疫情时代"地产行业的影响。

2015 年,日本建筑材料及住宅设备产业协会对日本的建筑材料的物流和运输情况进行了全面调查,虽然这份调查至今已经过去了 5 年,但是其中的很多内容还是值得我们借鉴和学习。比如对于建筑材料及其住宅设备物流运输,日本已经在制定相关的标准化政策,而这类行业的"标准化"是为了使建筑材料流通合理化的手段，不能以"标准化"为目的。"建筑材料的流通，是谁，用什么样的方法，在哪个地区订购，可以采取不同和多样的形式，在某种意义上是复杂的"。"标准化"为了避免物流过程和附带的商流过程、信息流过程中各处存在的无理浪费，制定的协同规则。而目前我们对于住宅的材料物流和运输尚未有如此细致的考虑。

其次，在调查报告中注意到了建筑材料流通的合理化，给供给者和需求者都带来了一些便利。换言之，只有特定的主体获得了便利，其他主体只增加了负担而得不到便利的状况，不能说是合理化的状况。因此，报告中认为的合理化是尽可能地除去物流过程和与其相关联的商流过程、信息流过程中存在的各种无理浪费。具体来说，包括建筑材料制造过程在内，到交货为止要进行多次检验核查、库存管理，并提升整个过程的效率，实现无错误订购、无错误配送、库存最小化，这就是建筑材料流通的合理化。

标准化和合理化确保建设过程的"零误差"和"零库存"。这个就是工业化长臂管理的目标。在生产经营过程中，有一个重要的指标，就是"物流费用率"，是指企业在一定时期物流费用占销售成本（费用）的比例，而销售成本实际就是开发企业的开发成本，因此物流成本如果降低，销售成本即开发成本也有一定的节省。而在供应链控制和管理中，存在不可控因素的限制，使物流费用综合控制可能并不完全覆盖物资供应的整个过程。许多企业的各个环节的费用降低仍有潜力可挖，因而供应链管理的局部控制的研究具有首要现实的意义。

　　同时，又由于存在物流费用控制的"二律背反"，如存储与运输两个环节都追求费用最小化，为降低储存费用，可通过在储存环节减少仓库数量，但由此却往往会引起运输环节费用的增长。这种"二律背反"的情况在物流系统的各个环节存在很多，所以如果不用所有相关内容"总体"的观点来衡量损益，就可能得不出正确的评价。

　　地产行业对于供应链管理的研究还刚刚起步，很多环节还有潜力可挖，尤其是"后疫情时代"物流运输、资材管理的重要性全方位得到展示，未来企业的产品整合落地离不开仓储、运输和装卸，建立工业化的长臂管理，做好供应链管理，是未来地产制造行业的命脉。

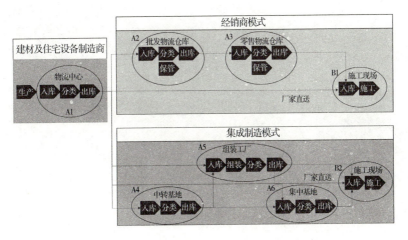

建筑材料及住宅设备主要配置模式

第五章

地产行业的推广和营销

第一节　对推广和营销的冲击
第二节　智慧化和AI小蜜蜂
第三节　从全民监造到"卖房给自己"
第四节　从游戏开始，向游戏学习

第一节　对推广和营销的冲击

2020年的春节注定是难忘的。我在长达三年无休假高强度工作后，决心让自己好好休息一下，于是在春节假期前的一周就休了年假，到了海口，享受一个悠长假期。可是，一场突如其来的"疫情"改变了一切，改变了生活。"贺岁片"戛然而止、春节花市取消、旅游景点关门、骑楼街市歇业……传统佳节的"热搜"纷纷下线，"N95、身边的疫情、气溶胶、粪口传播、双黄连……"取而代之，一切来得都是这么突然，等到我有所反应的时候，海口全城已经买不到一副口罩，而当时当地仅仅是"疑似一例"。当然，岛外已经如同煮沸的开水，疫情汹涌。封城、封村、封市、封社区……举国之力应对疫情，在此首先感谢医护和战斗在疫情一线的所有人员，其次感谢辛勤地在商家甚至厂家和客户间穿梭努力的外卖小哥，前者阻止疫情的扩散，后者维持着大家基本的生活。虽然"每逢佳节胖三斤"依然没变，但是这个注定难忘的春节，改变了我们的生活。

"无接触"估计在很长时间会成为一种生活的主流，大家发现足不出户也是可以完成很多事情，吃喝拉撒，学习工作，购物观影，甚至看一场云直播的综艺，原来互联网已经把生活变得这么简单，原来生活也可以这么简单。

"健康"也成为一个关键词，随着疫情的发生，英雄事迹的宣传，在看到医护人员无畏努力的同时，我们也看到病毒从来不挑食，尤其是在一线的战士们，虽然有良好的防护，但是依然是面对最大的风险，更不用说医学知识欠缺的芸芸众生——"健康"竟然也是一件奢侈品。

一场"疫情"，从普通住宅到豪宅，无一幸免，没有可以为居住者提供切切实实安然防护措施的设备和设施，"一户感染，全楼封闭"在一线城市有，在二线城市有，在三线四线城市依然不可避免，"健康宅"和"隐蔽工程"成为客户对物业关心的头条。什么样的房子才是"健康住宅"呢？我们又如何准确无误地把信息传递给有需求的客户呢？疫情过后，我们会面临怎样的市场呢？

"后疫情时代"是一个全新的世界，但是没有数据调研就做不出好产品，也无法挖掘引导用户需求。一时间地产朋友圈纷纷忙碌起来，各大地产公司针对业主健康需求的问卷占屏刷屏。业主需求得到空前重视，但是怎样才能挖掘用户的真实需求？问卷网上发送填写就是有效的调研吗？恐怕未必，消费者其实不知道自己需求什么，不合理的问卷和不合适的情绪下，消费者会无意识地修正自己的答案，从而无法得到真正的答案。还原消费者真正诉求的有效问卷是从事实和行为中读取用户潜在的需求。

乔布斯曾表示"消费者并不知道自己需要什么，直到我们拿出自己的产品，他们就发现，这是我要的东西"，所以苹果首创了一键按钮。我们处在一个非理想的消费时代：消费者重视"情绪价值"胜过"机能价值"。就如明明我们都知道了"双黄连"对疫病没有疗效，可是莲蓉月饼依然脱销。这就是心理学的"证人的记忆"，人们对于自己在一般知识上的优势与弱势有自知之明，倾向于修改他们对于信心量表的测验结果。如果调查问卷采用开放式提问，大部分人会习惯或者无意识间修正自己的答案。正确的问卷设计，第一个要点是"让人不假思索就能回答的问题"，不问你喜欢吃什么，而问你昨天晚饭吃了哪些东西？从最正确的事实和行为中读取用户自己都不知道的潜在需求。在保证充足样本容量和关键变量取值的基础上，对海量细分问题的回答进行复核统计和关联分析，才能无限趋近消费者真实的需求。

更关键的是要通过调研增强企业和用户之间的情绪牵绊；客观结果反馈给消费者打破其固有认知，反过来教育和引导他们发现自己真实的需求，让消费者感觉到被理解被关怀、并主动告知其样本结果被反馈到新品开发或原品改造中，增强其参与感与成就感，从而提升品牌黏度。这一点我们要向"口红营销"学习。

地产行业是网络营销的新兵，虽然行业很早就"触网"，但是真正用互联网思想进行推广和销售，还是凤毛麟角。最近，朋友圈热热闹闹地开始了网红卖房，恰好有个朋友也做了这么一场，我们有一段非官方不正式的交流：

我：怎么样？网红效果如何？

友：唉！折腾一天，就是一群托在闹腾，进来5组客人，一言不发，就是来看戏的，只卖了一套！

我：不错，不错，卖掉一套！成绩不错，营销费低啊！

友：营销费是低，但是这套也是人家年前看中的！设计部写出来的东西，网红念都念不明白。

……

可能这只是个案，或许有成功的案例，但是不禁也让人困惑，房子可以像"口红"那样在网上销售吗？卖口红和卖房子一样吗？好像一样，又好像不一样；一样的是，你都要从客户口袋里掏钱，不一样的是，你要从客户那里掏多少钱。所以，如果这样看的话，卖房和卖口红一样，只要掌握了互联网的营销规律，相信一样能获得不俗的效果。其实，这次在"疫情"中给我们很多支持的邻居——日本早在无接触售楼方面进行了实践。在日本的地铁站点、便利店或者闹市可以看到很多可以随意阅读的楼书，由于开发规模和劳动力紧张的现状，日本的开发商早早地就采用了无接触销售的模式，精美的宣传手册突出强调"大数据+

专家第三方认证+生活场景",远距离为客户详尽描述了出售房屋的特质。

而这样的手法竟然和"口红营销"异曲同工,"大数据+专家第三方认证+生活场景"充分满足了远距离无接触销售的需求,接着就是找个好的"带货人"。

还在等什么?无接触销售,恰逢其时。

第二节　智慧化和 AI 小蜜蜂

长期以来，我们在项目开发的时候都是假定消费者非常清楚地知道自己需要什么样的"房子"，起码这次"疫情"之前，我们都是这么认为的，但"新冠肺炎"这位老师给我们上了一节"双黄连"的课，在某些医疗机构的引导下，一些被第三方专业机构认证的数据证明"双黄连可以治疗新冠"，虽然各大媒体全力辟谣，官媒反复强调，但是市场上连"莲蓉月饼"也被一抢而空。"疫情"之下，在"大数据+专家第三方认证+生活场景"的联合作用下，我们发现原来"客户也是可以被引导"的，并且引导之后的客户会爆发更出乎我们意料的消费能力。

"新冠肺炎"来临，澎湃汹涌，但凡是住宅，无论是普通住宅还是豪宅，甚至有些独门独院都面临了封宅的境遇，更有甚者，当年"电梯入户"的豪宅成了致病宅的重灾区，客户以往对居住的"三观"突然崩塌，亟待引导重塑，这是疫情之危，也是疫情之机。如何引导？很简单，对照一下疫情初期和后期的情况我们的答案就呼之欲出。简单的描述就只有三句话：

- ❖ 什么是好产品？什么是产品力？
- ❖ 业主说好才是好产品，好产品才具有产品力。
- ❖ 今后销售就是客户口碑和渠道资源的整合。

这就是信息时代的互联网思维，客户的口碑在哪里？在"饿了么"、在"大众点评网"、在"抖音"……把社交工具的渠道作用发挥起来，真正体现产品力，销售也就实现和完成了。

接着我们就分享一个充分运用网络的"健康宅"营销方案。

首先我们要找到"关键热词"，"热搜热词"是互联网世界的开门钥匙，也是流量关键，只有先找到这个关键，然后建立相应的信息关联，通过网络的"智能化"推送，把相应的信息传递给客户。这么说可能大家很难理解，举一个大家身边的例子，我们会在网上搜一些自己不了解的知识寻找答案，通过互联网可以很迅速地找到答案，但是之后，我们会发现总是在有意或者无意间收到知识点关联的商务信息，比如曾经搜过一个海外院校的情况，不久之后，再打开搜索网站，就会有意无意地出现一些关于该学校的留学信息。

这就是互联网的"智能化"，也是我们未来无接触营销的关键。

言归正传，我们都清楚这次"疫情"期间最热的关键词就是"新型冠状病毒"和"N95 口罩"，在疫情和卫生专家的推动下，这两个热词就算不是人尽皆知,但也是名闻天下。当然,作为"健康宅"宣传的"关键词",我们仅仅知道是不够的,怎么和产品建立联系?如何和口碑建立联系?如何和产品力建立联系?这才是关键。接着我们看看"新型冠状病毒"和"N95口罩"的定义,从官宣中寻找数据。

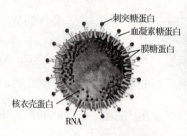

新型冠状病毒的描述(摘自网络)

新冠肺炎传播方式

官宣

专业第三方

大数据

N95口罩的定义

从专业定义中抓取的数据，就是我们要建立第三方认证的关键，也是把引导客户对产品认识由陌生到熟悉的关键要素。我们通过这种关联的建立，在无接触销售情况下，最快速度地让客户对产品有深刻认知。

有了大数据资料的准备，我们就要从"健康宅"中寻找可以和热词建立联系的第三方了。

然后我们要对"健康宅"有充分的认识和数据化的定义：涵盖新建住宅、既有住宅。新建建筑要注意气候、周边自然环境，要优先于设备和建筑设计，既有住宅要从节能改造，健康公害的防治，健康住宅本质多个角度考虑。逐一说明的话，就是防止对健康侵害、解决对健康侵害、预防新的侵害的出现。因此解决和预防是设计的必要考虑。

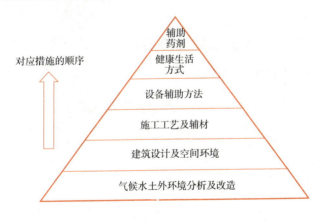

"健康宅"的实践措施

在此基础上分析对应内容找到可以和"关键热词"发生关联

的技术内容，形成完整的"专家第三方认证"。比如我们可以从"病毒"和"优良空气"中找到和热词的强关联。

> "病毒"是这次疫情发生的主要原因，对健康有很大的侵害。很多人认为病毒只是直接接触受到感染引起的，但是这次疫情，很多传染是由携带者引发，携带者本人并未被感染，而非病源接触者却染患病疾，这就是"病毒"潜伏的影响。所以"健康住宅"很重要的一项要素，就是如何迅速便捷地进行内外阻隔或者外部消毒，这个是"健康住宅"设计的要素。

> "优良空气"一人一天大约要呼吸10~20m³、12~24kg的空气，远远高于摄取量2~3kg的食物和水。但是食物的消化和摄取通过体内消化器官，并且有肝脏负责解毒，而空气则通过肺直接由血液吸收，送到脑部组织，因此空气质量的好坏对人体健康的影响非常大。清净空气成分稳定，空气质量充分清洁，对人体健康无害。最近科学发展，建筑材料、日用品等多采用合成化工品进行生产，而且成功量产，形成相当大的规模。由此，一部分化学物质通过这个途径向空气散发形成空气污染，ppm、μg/m³等就是污染物观测的指标。这些微量成分也是公寓症候群发生的主要原因。

健康宅中关于"病毒"和"优良空气"的描述

无接触销售如果不能明确意向客户，并且迅速和直接地传递信息，无异于大海捞针。而此刻，通过热词的关联，潜在客户在第一次搜索关键词之后，就会有"AI 小蜜蜂"主动把新的信息传送到客户端，一次又一次，孜孜不倦，最终在"细无声"的情况下达成推广和营销的目标。

抓住"大数据+第三方"，相信客户就在前方。

第三节 从全民监造到"卖房给自己"

现在剩下的就是"成交"了。

"口红营销"做得好，除了价格优势外，生活场景也是重要的环节，有了"大数据和专家第三方认证"还是远远不够的，当口红涂抹在唇上并和活生生的人物对比的时候，消费者会不自觉地把自己代入，把口红自己卖给了自己。

现在，我们也要消费者把房子卖给自己——这当然不是简单的"自我提佣全民销售员"，虽然这也是办法，但这是没有办法的办法。好办法的案例是现成的，"火神山医院"和"雷神山医院"的建造全程视频直播，全网轰动，全民监造，如果当时当地是商品房的项目基地，一种参与"家"建设的自豪会让观众油然而生，随着不间断的"点赞"，加之和现实的对比，和参照物的对比，生活场景就被客户塑造在自己的脑海里，这时的房子就如同口红一样——我的，怎么可以让给别人——不经意间，房子被自己卖给了自己。

当然，这是理想化的状态，生活如果如此理想，我们在这里的思考也就没有意义了，显然购房者的代入难度要远远高于口红族。这个时候，场景的营造，就需要"朋友圈"的支持了！

首先我们清楚，在"疫情"之前，我们营销推广的关键在于"地段、价格、交通、绿化、学校……"这些"眼见为实"的显性因素上，而"疫情后"我们要推广的"健康"是很难物化的物质，所以我们需要挖掘以往我们没有重视的隐蔽因素进行宣导，可以不夸张地说，我们的营销要从以往的"一维"走向"二维"。

而此刻仅仅依靠售楼处和样板房是不够的，我们需要的是能够持续在"抖音""快手"等社交软件上形成话题的内容，还要有多样、活泼和接地气的生活场景。这些话题就是"朋友圈"为我们提供的。

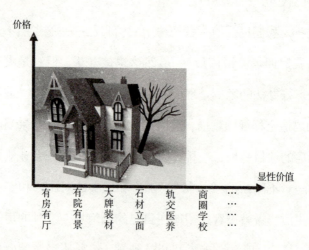

疫情前后产品价值观引导差异

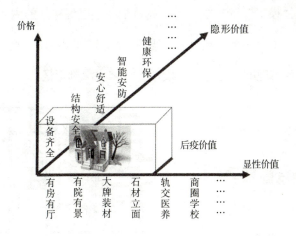

疫情前后产品价值观引导差异（续）

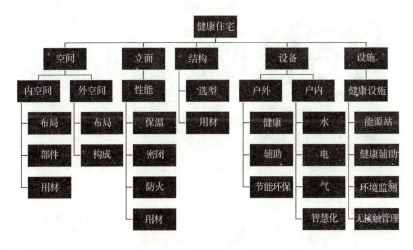

健康宅的"朋友圈"（供应体系）

这是一个近万亿的市场，"朋友圈"在帮助开发商销售和推广的同时，也在增加自己的市场地位，如何让这些宣传深入人心，就是成败的关键了。还是以健康宅为例，我们可以用"对比"和"模拟"的方法，对比就是把我们已经熟知的内容和需要关注的点放在一起，让客户在思考中记住"卖点"；而"模拟"就比较容易理解，通过现实模拟，让客户深刻记忆。

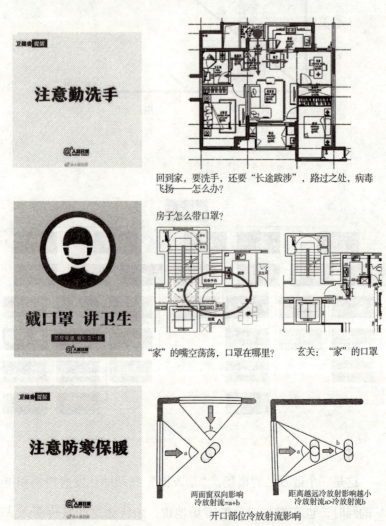

对比法：卫健委的建议和卖点宣传完美结合

室内空气净化
静电除尘&紫外线杀菌

面对疫情,人人长期居家隔离,不能打开中央空调,不能长时间开窗通风,空气不能流通,无法呼吸到新鲜洁净的空气。新风净化系统能够24小时不间断给室内提供新鲜空气,让你居家防疫更安心。

新风净化系统还能够高效拦截空气中的颗粒物、捕杀真菌、病毒、细菌和尘螨等空气污染物,提供清新洁净的室内空气,保障居家健康安全,对于"病毒"方面有一定的改善作用。

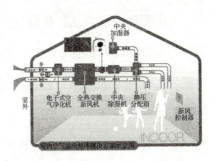

静电除尘

先进的静电除尘杀菌技术:设备启动后,前置过滤器先将空气中的大颗粒杂质(包括气溶胶)和灰尘进行拦截过滤,然后空气进入第二道高压电离段,该段输入静电高压,让空气中的颗粒物(小至0.001μm)电离并带上正负极电荷,高压静电能够击穿部分细菌和病毒的细胞结构杀死细菌;剩余电荷在异性相吸的作用下,被偏转吸附到集尘电极棒上,从而达到杀菌净化,改善室内空气品质的功效。

紫外线杀菌

紫外线仍然是最有效的杀菌方法之一。杀死流动空气中的微生物与杀死静止空气中微生物的要求有极大的不同,紫外线杀菌设备拥有高能量的紫外线(253.7nm),照射强度可以改变微生物的基因结构(DNA)从而杀死微生物。经过处理的干净空气再通过紫外线照射进一步杀死有害细菌及病菌,保证室内环境的健康。

室内湿度控制
抑制细菌滋生和传播

湿度对于病毒传播有很大影响。美国国家职业安全与健康研究所、美国疾病控制和预防中心曾于2007年研究发现,室内湿度高,流感病毒传染力差。

对于我们的身体和免疫系统来说,40%~60%是最佳的相对湿度范围。

冠状病毒需要在体液环境中才能存活,2019-nCoV在潮湿的环境中更容易存活,潮湿的空气中,病毒比较容易落在物体表面上和地面上,进而产生接触传染;2019-nCoV在干燥的空气中更容易传播,因为病毒容易在空气中漂浮,而空气越干燥,水分越少,病毒存活的时间越短。

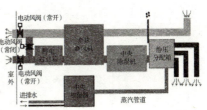

模拟法:环境模拟法让客户直观了解

第五章 地产行业的推广和营销

无论哪种方式方法,都是建立在"大数据+专家第三方认证"的基础上,后疫情时代,是好产品的黄金时代,有口碑、有内涵、有产品力的产品将会在"无接触销售"中独占话题和热搜,从而形成快速销售。因此,充分认识网络时代的"圈粉经济"是突破目前桎梏的重要环节。

第四节　从游戏开始，向游戏学习

也许之前的项目来不及或者没有基础做那么多的准备和调整，但是没关系，生活还在继续，未来还在到来。后续的岁月，也许会在很长的时间都要面临"无接触"的状况，无论是被动，还是主动，如果尝试和努力，也许就不会被时代抛弃，毕竟这是一个汽车厂也能做口罩的时代，还有什么是不可能的呢？

要跟上互联网的脚步，我们唯一的办法就是向互联网企业学习。我个人建议可以向游戏企业学习，尤其是网络游戏的企业学习。

记得以前曾经玩过一个游戏《模拟城市》，主要是讲游戏人模拟一个城市的建设，从一穷二白到遍地黄金，游戏人一点点建立自己的城市。虽然这只是个游戏，但是却非常逼真地展现了城市建设的全过程，同时在城市的建设过程中，难免会出现各种天灾人祸，灾后场景也是逼真形象。让游戏人完全沉浸在这个虚拟的现实中。据说网络版开放后，也有很多的网友追捧。目前，有很多设计企业已经开始采用模拟运营或者生活场景的方式来进行建筑产品设计,虽然还没有达到普及的程度,但是已经走出了实践的第一步。

这两年,我们已经在多个商业和学校设计项目中采用了这项模拟设计技术,获得非常好的效果,无论是物业投资者还是物业使用者最终对产品呈现的状态都非常满意和认可。后续我们将在产品建造的环节尝试采用一些游戏拟真的技术解决建造中的品质

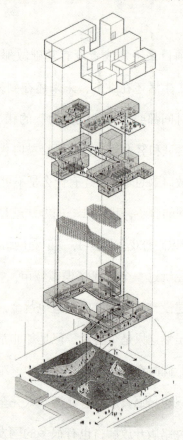

模拟运营场景的设计图

问题。未来或许真实的建造就脱胎于这样的模拟中，C（公众）TM（制造）的可视化制造也就成为现实。

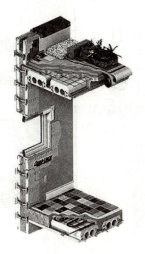

模拟建造场景的概念图

现在这些网友或许还只是游戏参与者，但是他们就是未来的购房者。我们是不是可以通过互联网来培养企业产品的"粉丝"呢？"游戏"应该是比较好的一个方式——也许现在读全四大名著的人不多，但是没有玩过手游的人只怕是凤毛麟角。也许不需要太复杂的游戏环节设置，给游戏人一个参与感，在快乐中把相应的场景暗示给我们未来的客户群，在后疫情时代的无接触中，这样的方法会不会更有效呢？

当然，送装备、提佣金等手段必不可少，相信地产人在深度"触网"之后，一定会有更多的奇思妙想。

从这个角度看，"无接触"是"新冠肺炎"带来之危，也是

"新冠肺炎"带来之机。在IT技术的支持和帮助下,这类营销方式一定会大放异彩。

兼具亲子读物功能的楼书